इंदिरा नूई की बायोग्राफी

इंदिरा नूई की बायोग्राफी

ए.के. गांधी

प्र
प्रभात प्रकाशन

प्रकाशक
प्रभात प्रकाशन प्रा. लि.
4/19 आसफ अली रोड, नई दिल्ली-110002
फोन : 011-23289777 • हेल्पलाइन नं. : 7827007777
इ-मेल : prabhatbooks@gmail.com ❖ वेब ठिकाना : www.prabhatbooks.com

संस्करण
2025

पेपरबैक मूल्य
तीन सौ रुपए

मुद्रक
आर-टेक ऑफसेट प्रिंटर्स, दिल्ली

INDRA NOOYI Ki Biography
by Shri A.K. Gandhi

Published by **PRABHAT PRAKASHAN PVT. LTD.**
4/19 Asaf Ali Road, New Delhi-110002

ISBN 978-93-95386-30-2

₹ 300.00 (PB)

प्राक्कथन

आप किसी के मन को तो नहीं देख सकते, फिर भी किसी व्यक्ति की वेशभूषा और खान-पान, उसके व्यवहार एवं कृत्यों तथा उसके संबंधों एवं लगावों की स्पष्ट छाप उसके व्यक्तित्व पर अवश्य देख सकते हैं। इंदिरा नूई के मन के भीतर झाँकना मात्र इसलिए आवश्यक नहीं है कि उसने चुनौतीपूर्ण परिस्थितियों के बावजूद भव्यतम उपलब्धियाँ प्राप्त करते हुए भारत को गौरवान्वित किया, बल्कि उसकी उस चिंतन प्रक्रिया को भी समझना जरूरी है, जो उसे सफलता के मार्ग पर ले गई। एक विशाल मन के भीतर ऐसी उर्वरा होती है, जो अन्य लोगों को सोचने और समझने को उद्यत करती है कि वह उनसे क्या अपेक्षा करता है, परंतु यह अपेक्षा नवोन्मेषी विचारों के बिना पूर्ण नहीं हो सकती।

इंदिरा नूई ने अपने पीछे 'पेप्सीको' में ऐसी समृद्ध धरोहर छोड़ी है, जिसमें अपने योगदान, विशेषतया उसके 'अस्वास्थ्यकर' उत्पादों को 'स्वास्थ्यप्रद' बनाने हेतु उसके प्रयासों के लिए उसे दीर्घकाल तक स्मरण किया जाएगा। उसने पर्यावरण के प्रति अपनी चिंताओं के परिणामस्वरूप प्रकृति की संपोषणीयता सुनिश्चित करते हुए विश्व को रहने लायक उत्तम स्थान बनाने हेतु कार्य किया है। इसके साथ-ही-साथ उसने कंपनी को लोगों के दिलों के निकट लाने के लिए उसके चहुँमुखी विकास में सहायता की है। यह सब करते हुए भी उसकी दृष्टि से कर्मचारियों के कल्याण का विषय कभी ओझल नहीं हुआ, क्योंकि उसका परिश्रम ही कंपनी की सफलता की एकमात्र गारंटी दे सकता है।

शिखरतम नैगमिक घरानों की अपनी यात्रा के दौरान इंदिरा अपने लक्ष्यों के प्रति सदैव सचेत रही और उसने अपनी सीमाओं को अपनी सफलता के मार्ग में बाधक नहीं बनने दिया। वह उन सभी कंपनियों के प्रति समर्पित एवं एकनिष्ठ रही, जहाँ उसने उन पुरुषों की दृष्टि में महिलाओं की प्रतिष्ठा में वृद्धि की, जो अब भी महिलाओं को द्वितीय श्रेणी के नागरिक के रूप में देखते आ रहे थे।

इंदिरा के जीवन को जो तत्त्व विशिष्ट बनाता है, वह है उसके पारिवारिक एवं व्यावसायिक जीवन में किसी एक से भी कोई समझौता किए बिना संतुलन बनाए रखना। एक में सफलता और दूसरे में विफलता आपको पूर्णतया सफल व्यक्ति नहीं बना सकती। कामकाजी महिलाओं के लिए वह एक प्रेरणादायी आदर्श है, जो सिखाती है कि कार्य एवं जीवन दोनों में किस प्रकार संतुलन बनाए रखते हुए भी दोनों का आनंद लिया जा सकता है।

इंदिरा का जीवन यह भी सिखाता है कि हमें अपने व्यक्तित्व के एक पक्ष को उभारने के लिए दूसरे पक्ष को दबाने की आवश्यकता नहीं है और हम वह सब बन सकते हैं, जो हम बनना चाहते हैं, क्योंकि उसने एक पेशेवर महिला, गायिका, परोपकारिणी, माता, पत्नी और पुत्री की भूमिकाएँ एक साथ निभाई हैं।

इंदिरा अपने जिस व्यापारिक पेशे के कारण विख्यात है, उसके पीछे उसकी प्रेरक शक्ति है, सही कार्य करने के प्रति उसका अनुराग, अपेक्षाओं से आगे निकलने की उसकी ललक तथा दूसरों को सफल होने में सहायता करने की उसकी इच्छा, वास्तव में वह नैगमिक स्वप्नद्रष्टा, विशिष्ट नेता और परिवर्तन अभिकर्ता के रूप में मान्यता प्राप्त करने के योग्य है।

इस जीवनवृत्त का लेखन अत्यंत अनुभवजन्य रहा और हम उन समस्त लोगों के प्रति आभारी हैं, जिन्होंने हमारे इस प्रयास में हमारा मार्गदर्शन किया। हम इस विषय में समाचार-पत्रों में बड़े पैमाने पर प्रकाशित लेखों, ब्लॉगों, साक्षात्कारों इत्यादि अत्यंत रोचक पठनीय सामग्री जैसे संसाधन उपलब्ध कराने हेतु कृतज्ञ हैं।

—ए.के. गांधी

अनुक्रम

पालन-पोषण एवं शिक्षा

मनोवैज्ञानिक इस बात पर सहमत हैं कि प्रत्येक व्यक्ति पर अपनी आनुवांशिकता एवं वातावरण का प्रभाव अवश्य पड़ता है। व्यक्ति चाहे स्त्री हो या पुरुष, अपने जीवन में अंततः क्या बनता है, इस विषय में दोनों में से प्रत्येक की भूमिका महत्त्वपूर्ण होती है, यदि हम इंदिरा नूई के जीवन में गहराई से झाँकें तो पाएँगे कि उसके जीवन में उसके परिवार ने अत्यंत उल्लेखनीय भूमिका निभाई है। उसके पितामह और माता-पिता ने सुनिश्चित किया कि इंदिरा और उसकी बहन चंद्रिका को पुष्पित-पल्लवित होने का सही वातावरण मिले, कल्पना कीजिए कि भारत में स्कूल जानेवाली नन्ही बच्ची का जीवन कैसा होता है—सिर पर बालों की दो चोटियाँ, पीठ पर बस्ता (स्कूल बैग) के साथ हर पल पीछा करता यह अनुदेश कि रास्ते से भटकना नहीं, किसी से झगड़ा मत करना, लड़कों के साथ मेल-जोल मत बढ़ाना, खेल में मन मत लगाना, अच्छी तरह पढ़ाई करना, अपनी शिक्षा पर ध्यान देना, छुट्टी होने के बाद सीधे घर आना इत्यादि। घर में उससे अपेक्षा की जाती है कि वह सारे घरेलू काम करे, अच्छा व्यवहार करे, ऊँची आवाज में बात न करे और अपने स्कूल का काम अच्छी तरह करे। अब आप दक्षिण भारत में इस प्रकार के जीवन की कल्पना करें, जहाँ सर्वाधिक ध्यान परंपरा और शिक्षा पर दिया जाता है, यदि आप अपनी पढ़ाई ठीक से नहीं कर रहे/रहीं हैं तो इसका सीधा सा अर्थ है कि आपको अनुशासित होने की आवश्यकता है।

जिस तमिल ब्राह्मण समुदाय से इंदिरा आती है, उसके नियम-कायदे

अब भी अत्यंत कठोर हैं, ऐसे वातावरण में पलना-बढ़ना नन्ही इंदिरा के लिए बड़ी चुनौती थी। इसका कारण यह नहीं था कि वह मेधावी नहीं थी या कि परंपराओं में उसकी रुचि नहीं थी, बल्कि इसलिए कि उसकी एक बहन थी, जो पढ़ाई में उत्कृष्ट थी, इसके अतिरिक्त उसके पितामह (दादा) भी तो थे, जो उसे यह याद दिलाने का कोई अवसर कभी नहीं चूकते थे कि वे (चंद्रिका एवं इंदिरा) तभी तक सुरक्षित हैं, जब तक वे ठीक से पढ़ाई कर रही हैं। अच्छी तरह पढ़ाई करने का सीधा अर्थ था—'विशिष्ट होना'; वह कहते थे कि यदि तुम अपनी कक्षा में चौथा स्थान भी प्राप्त करती हो, तब भी स्तर से नीचे हो। यही कारण था कि नन्ही इंदिरा अपना घरेलू कामकाज करते हुए या घर अथवा किसी अन्य स्थान की गतिविधियों में भाग लेते हुए भी पढ़ाई करना नहीं भूलती थी। परीक्षा हर महीने होनेवाली एक नियमित प्रक्रिया थी और अंक-पत्रों पर अभिभावकों (माता-पिता) के हस्ताक्षर आवश्यक होते थे।

पितामह नारायण शर्मा कोई साधारण व्यक्ति नहीं, बल्कि एक अवकाश प्राप्त न्यायाधीश थे और अपने पड़ोसियों के बीच अत्यंत सम्मानित व्यक्ति थे। उनकी सतर्क निगाहों को धोखा दे पाना अत्यंत कठिन था।

पितामह नारायण शर्मा कोई साधारण व्यक्ति नहीं, बल्कि एक अवकाश प्राप्त न्यायाधीश थे और अपने पड़ोसियों के बीच अत्यंत सम्मानित व्यक्ति थे। उनकी सतर्क निगाहों को धोखा दे पाना अत्यंत कठिन था। उनके लिए विज्ञान और गणित अत्यंत पवित्र एवं अनिवार्य विषय थे और उनमें साधारण अंक पाना उन्हें कतई स्वीकार्य नहीं था। वे वह सबकुछ करने को तैयार थे, जिससे लड़कियाँ अन्य विषयों की उपेक्षा किए बिना इन दोनों विषयों में दक्षता प्राप्त कर सकें।

परंपरा के आवरण में लिपटे होने का यह अर्थ कदापि नहीं कि आधुनिकता पर कोई ध्यान नहीं दिया जा रहा था। दोनों लड़कियाँ शहर के प्रतिष्ठित विद्यालय में पढ़ रही थीं। उस समय उसे होली एंजेल्स एंग्लो-इंडियन हायर

सेकंडरी स्कूल के नाम से जाना जाता था, वर्तमान में उसे मात्र होली एंजेल्स कॉन्वेंट कहा जाता है। इस स्कूल में पढ़ने का अपना ही लाभ था, इस समय तक भारत को स्वतंत्रता मिले अधिक समय नहीं हुआ था और जीवन के अनेक क्षेत्रों में परिवर्तन का दौर जारी था; यही बात शिक्षा प्रणाली पर भी लागू होती थी, केंद्र सरकार सी.बी.एस.ई. (केंद्रीय माध्यमिक शिक्षा परिषद्) की स्थापना कर रही थी और देश भर के स्कूल, विशेषतया अंग्रेजी माध्यम वाले, बड़े स्तर पर इस नई प्रणाली को लागू करने का विकल्प चुन रहे थे; परंतु जिस विद्यालय में इंदिरा और उसकी बहन पढ़ रही थीं, उसने आई.सी.एस.ई. (इंडियन सर्टिफिकेट ऑफ सेकंडरी एजुकेशन) का विकल्प चुना था, आई.सी.एस.ई. से संबद्ध स्कूल में पढ़ने का विशेष लाभ यह था कि उसमें गणित और विज्ञान की पढ़ाई का स्तर काफी ऊँचा था, जिससे उन विद्यार्थियों की अपेक्षा अधिक अंक प्राप्त होते थे, जो सी.बी.एस.ई. अथवा अन्य राज्यस्तरीय बोर्डों से संबद्ध थे। यह बढ़त आनेवाले समय में बालिका इंदिरा के जीवन में चमत्कार करने जा रही थी।

इंदिरा नूई बताती हैं कि मद्रास (अब चेन्नई) उस दौर में भी पानी की कमी वाला शहर था; वर्तमान में समय बीतने के साथ-साथ यह समस्या और भी गंभीर हो गई है, शहर की जलापूर्ति प्रणाली त्रुटिपूर्ण थी, फिर भी वह सौभाग्यशाली थी कि उसे रोज सुबह नहाने के लिए दो बाल्टी पानी मिल जाता था और इसकी व्यवस्था उसकी अति परिश्रमी, शुभाकांक्षी और ममतामयी माँ किया करती थी।

इंदिरा नूई बताती हैं कि मद्रास (अब चेन्नई) उस दौर में भी पानी की कमी वाला शहर था; वर्तमान में समय बीतने के साथ-साथ यह समस्या और भी गंभीर हो गई है, शहर की जलापूर्ति प्रणाली त्रुटिपूर्ण थी, फिर भी वह सौभाग्यशाली थी कि उसे रोज सुबह नहाने के लिए दो बाल्टी पानी मिल जाता था और इसकी व्यवस्था उसकी अति परिश्रमी, शुभाकांक्षी और ममतामयी माँ किया करती थी। उसकी

माँ शांता अत्यंत धार्मिक महिला है, वह अपने पति कृष्णमूर्ति, जो स्टेट बैंक ऑफ हैदराबाद में अधिकारी थे, के साथ बड़े आराम से रह सकती थी, फिर भी उसने अपने बच्चों की देखभाल के लिए अपने ससुर के घर में रहना पसंद किया। उसके दिन की शुरुआत नित्यप्रति सुबह घर की साफ-सफाई, झाड़ू-पोंछे और रंगोली (कोलम) बनाने तथा पूजा-पाठ से होती थी। भारत में जीवन के अनेक पक्ष हैं, जो मांगलिकता से संबद्ध हैं और वे सभी कार्य परिवार के कल्याणार्थ निष्पादित होते हैं। प्रातःकाल रंगोली का निर्माण दो उद्देश्यों की पूर्ति करता है। इनमें पहला उद्देश्य घर के प्रवेश द्वार को सजाना और दूसरा उद्देश्य चींटियों और अन्य कीटों के लिए आहार उपलब्ध कराना है, क्योंकि इनका निर्माण रंगीन चूर्ण और आटे से किया जाता है। त्योहारों और विशेष अवसरों पर इन रंगोलियों को बड़े आकार में बनाया जाता है तथा इन्हें फूलों और दीयों से सजाया जाता है। घर के बड़े बच्चे रविवार और त्योहारों के अवसर पर रंगोली बनवाने में सक्रिय रुचि का प्रदर्शन करते हैं, जिससे उन्हें अपने रीति-रिवाजों और परंपराओं का स्वाभाविक प्रशिक्षण प्राप्त हो जाता है; परंतु यह प्रशिक्षण मात्र रंगोली-निर्माण तक ही सीमित नहीं था, बल्कि इसमें जीवन के दूसरे पक्ष भी शामिल थे। शांता इन परंपराओं में बच्चों की सहभागिता को विशेष रूप से आवश्यक मानती थी, क्योंकि वह महसूस करती थी कि शिक्षा के साथ-साथ परंपराओं का ज्ञान भी समान रूप से महत्त्वपूर्ण है। उसका मत था कि जीवन में परंपराओं की नींव के बिना आधुनिकता कायम नहीं रह सकती थी।

उसके दिन की शुरुआत नित्यप्रति सुबह घर की साफ-सफाई, झाड़ू-पोंछे और रंगोली (कोलम) बनाने तथा पूजा-पाठ से होती थी। भारत में जीवन के अनेक पक्ष हैं, जो मांगलिकता से संबद्ध हैं और वे सभी कार्य परिवार के कल्याणार्थ निष्पादित होते हैं। प्रातःकाल रंगोली का निर्माण दो उद्देश्यों की पूर्ति करता है।

यही कारण था कि जब त्योहार, विशेषतया नौ दिवसीय नवरात्र का त्योहार आता तो वह अन्य घरों में जाती थी, जहाँ संस्कारों के रूप में परंपराएँ जीवंत हो उठती थीं। इस अवसर पर भोजन एवं उपहारों का आदान-प्रदान होता। शांता अपने साथ अपनी लड़कियों को भी ले जाती और यह सुनिश्चित करती कि जब उसके घर पर कभी ऐसा आयोजन हो तो वे लोग भी उसके घर अवश्य पधारें। बच्चों को जब सामाजिक उत्सवों में भाग लेने का अवसर मिलता है तो वे एक ही समय में अपनी समृद्ध परंपरा और सामाजिक कौशलों को आत्मसात् कर लेते हैं और इंदिरा इसमें अपवाद नहीं थी। उसे परंपरा सहित लगभग सभी क्षेत्रों में अपनी बहन चंद्रिका की बराबरी करनी थी, लेकिन इसका यह अर्थ कदापि नहीं कि उसका अपना कोई व्यक्तित्व नहीं था, उसके अपने विचार और हित थे, अब वह उन पर ध्यान भी देने लगी थी।

पितामह द्वारा बनवाया गया मकान धनी लोगों की आबादी वाले आलीशान इलाके जी.एन. चेट्टी रोड पर स्थित था। इस क्षेत्र में 'वाणी महल' जैसी महत्त्वपूर्ण संस्था उपलब्ध थी, जहाँ अकसर शास्त्रीय सांस्कृतिक कार्यक्रम होते रहते थे"

पितामह द्वारा बनवाया गया मकान धनी लोगों की आबादी वाले आलीशान इलाके जी.एन. चेट्टी रोड पर स्थित था। इस क्षेत्र में 'वाणी महल' जैसी महत्त्वपूर्ण संस्था उपलब्ध थी, जहाँ अकसर शास्त्रीय सांस्कृतिक कार्यक्रम होते रहते थे, जिनमें फिल्म एवं संगीत के क्षेत्र के प्रख्यात कलाकार अपनी प्रस्तुतियाँ देते थे। 'वाणी महल' बच्चों के लिए अत्यधिक आकर्षण का केंद्र इसलिए था, क्योंकि उन्हें वहाँ निःशुल्क प्रवेश दिया जाता था और वयस्कों से शुल्क लिया जाता था। इस सुविधा ने वहाँ अकसर होनेवाले कार्यक्रमों में लड़कियों के भाग लेने में सहायता की। यदि बच्चों में राग की प्रथम पंक्ति से गीत का अनुमान लगाने की क्षमता होती तो वे बूझने का खेल (गेसिंग गेम) खेलते थे और ऐसे अवसरों पर इंदिरा सदैव विजेता बनकर उभरती थी। इंदिरा स्मरण करती है कि उसने वहाँ ऐसे

अनेक कार्यक्रमों में भाग लिया था। बच्चे रात को नौ बजे वहाँ जाते और अनेक श्रेष्ठ संगीतकारों को सुनने का अवसर प्राप्त करते। वह त्यागराज के नाटकों का स्मरण विशेष रूप से करती है।

गायन की परंपरा का अभ्यास घर पर भी किया जाता था। इंदिरा स्मरण करती है कि उसके घर कई संगीतकार आते थे, अतः परिवार के सदस्यों द्वारा कर्नाटक संगीत का अभ्यास किया जाता था अथवा वे शास्त्रीय भरतनाट्यम नृत्य किया करते थे। अरुणा साईराम उसकी ममेरी बहन थी और वह कई बार अपनी माँ के साथ उसके घर आती थी। वे दोनों जब भी साथ होतीं, उन्हें गायन का अवसर मिल जाता था। बच्चे इसी संगीतमय वातावरण में बड़े हुए।

इंदिरा याद करती है कि वह और उसकी अन्य ममेरी/फुफेरी बहनें (कजन) गाती थीं और जब वे साथ होतीं तो एक प्रकार से प्रतियोगिता सी हो जाती थी, जिसमें चंद्रिका सदैव अच्छे अंक प्राप्त करती, इसलिए किसी हद तक इंदिरा पर भी दबाव बनता। वह यह भी बताती है कि हमारे घर में केवल कर्नाटक संगीत की अनुमति थी, इसलिए उसे केवल घर में ही सुना जा सकता था, कई बार हमारे घर के आसपास से होकर गुजरनेवालों पर ऐसा प्रभाव पड़ता था कि इस इमारत में संगीत की शिक्षा दी जाती है। शांता की प्रिय गायिकाओं में महान् एम.एस. सुब्बुलक्ष्मी, एम.एल. वसंतकुमारी और डी.के. पटम्मल के नाम शामिल हैं। ऐसे वातावरण में लड़कियों का बड़ा होना एक आनंददायक अनुभव था।

इंदिरा याद करती है कि वह और उसकी अन्य ममेरी/फुफेरी बहनें (कजन) गाती थीं और जब वे साथ होतीं तो एक प्रकार से प्रतियोगिता सी हो जाती थी, जिसमें चंद्रिका सदैव अच्छे अंक प्राप्त करती, इसलिए किसी हद तक इंदिरा पर भी दबाव बनता। वह यह भी बताती है कि हमारे घर में केवल कर्नाटक संगीत की अनुमति थी"

इन गतिविधियों के साथ-साथ तमिल फिल्में देखना उन दिनों एक उत्सव

के समान होता था। पूरे घर में तमिल हास्य अभिनेता नागेश सबके पसंदीदा कलाकार थे और उनकी फिल्में बड़े चाव से देखी जाती थीं। मैं बताना चाहूँगी कि उन दिनों मनोरंजन का प्रमुख स्रोत सिनेमा ही था, अतः जब किसी की फिल्म देखने की इच्छा होती तो वह सिनेमाघर में ही जाता था; सिनेमा देखना हममें से अधिकांश लोगों के लिए मनोरंजन का प्रिय स्रोत था, परंतु आधुनिक सुविधाओं ने हमारे लिए घर में ही फिल्में देखने की सुविधा उपलब्ध करा दी थी, इसलिए हमारे घर की चारदीवारी के अंदर ही सिनेमा जैसा वातावरण बन जाता था। एक समय ऐसा भी आया, जब लोग किराए पर फिल्में लाकर अपने टी.वी. पर देखने लगे, इस तथ्य के बावजूद दादाजी और माँ लड़कियों के प्रति सुरक्षात्मक दृष्टिकोण अपनाते थे। जब कभी कोई नायिका परदे पर आपत्तिजनक कपड़ों में दिखाई देती तो वे नाक-भौं सिकोड़ने लग जाते थे। इन सब बातों का प्रभाव लड़कियों पर भी पड़ा; यद्यपि आज भी आप देख सकते हैं कि इंदिरा जब कभी पश्चिमी कपड़े पहनती है तो इस बात का ध्यान रखती है कि वे सुंदर और आकर्षक हों। वह आधुनिकता के नाम पर परंपराओं का तिरस्कार कभी नहीं करती। अपने व्यवहार में सुस्पष्ट होने के बावजूद आप पाएँगे कि वह अपनी पारंपरिक मर्यादाओं में ही रहती है।

घर का तीसरा बच्चा नारायणन या नंदू था, जो इंदिरा के जन्म के लगभग 12 वर्षों बाद जनमा था। उसकी उपस्थिति से घर में खुशियों की बहार आ गई थी, क्योंकि सबका फालतू समय नन्हे-मुन्ने की देखभाल में बीत जाता था और उसके बड़ा होने के साथ-साथ उसकी शरारतों को देखकर भी घर के लोग आनंदित होते थे''

घर का तीसरा बच्चा नारायणन या नंदू था, जो इंदिरा के जन्म के लगभग 12 वर्षों बाद जनमा था। उसकी उपस्थिति से घर में खुशियों की बहार आ गई थी, क्योंकि सबका फालतू समय नन्हे-मुन्ने की देखभाल में बीत जाता था और उसके बड़ा होने के साथ-साथ उसकी शरारतों को देखकर भी घर के

लोग आनंदित होते थे, घर में किसी बच्चे की उपस्थिति व्यक्ति में मासूमियत एवं स्नेहोत्पादन की सर्वाधिक अनुकूल परिस्थिति है, जब हम किसी नन्हे बच्चे के साथ होते हैं तो मातृवत् भावनाएँ स्वयमेव उत्पन्न हो जाती हैं और इंदिरा भी इसका अपवाद नहीं थी, नंदू उसके व्यक्तित्व के चतुर्दिक् विकास में योगदान करता था, जो निकट भविष्य में क्षितिज पर चमकने वाला था।

अपने बचपन की ओर मुड़कर देखते हुए इंदिरा स्मरण करती है कि उसका जीवन साधारण भले ही था, किंतु अच्छा था; वह मजेदार किंतु अनुशासित था; सबको अपना पसंदीदा कार्य करने की अनुमति थी, लेकिन उसके लिए सबको अनुशासित होना आवश्यक था; सबसे बड़ी बात यह थी कि सुख और दुःख में सब एक साथ रहते थे, यद्यपि कोई छोटा मामला भी परिवार के सदस्यों को व्याकुल कर देता था।

लड़कियों को स्वच्छंद उड़ने की अनुमति मिलनी चाहिए, उन्हें बचपन से ही दासी बनाकर नहीं रखना चाहिए। दादाजी और विशेषतया माँ के अंदर यह भावना हमेशा मौजूद रही और उनके पिता अपनी ड्यूटी के कारण आमतौर पर शहर के बाहर रहते थे, इसलिए उन्होंने कभी हस्तक्षेप नहीं किया; अलबत्ता वह जब भी आने की स्थिति में होते, तब घर अवश्य आते थे। जब पूछा गया कि आपके घरवाले कितने महान् थे, इंदिरा कहती है कि उनके पिता और पितामह सहित उनके समस्त परिवार की राय थी कि पुरुषों के समान स्त्रियों को भी स्वप्न देखने का समान अधिकार है; यदि उन्हें कोई अवसर मिलता है तो उसका लाभ उठाने की अनुमति उन्हें

लड़कियों को स्वच्छंद उड़ने की अनुमति मिलनी चाहिए, उन्हें बचपन से ही दासी बनाकर नहीं रखना चाहिए। दादाजी और विशेषतया माँ के अंदर यह भावना हमेशा मौजूद रही और उनके पिता अपनी ड्यूटी के कारण आमतौर पर शहर के बाहर रहते थे, इसलिए उन्होंने कभी हस्तक्षेप नहीं किया; अलबत्ता वह जब भी आने की स्थिति में होते, तब घर अवश्य आते थे।

मिलनी ही चाहिए; लड़कियों को कभी भी उनकी पसंद का काम करने से नहीं रोका गया; वास्तविकता यह है कि उत्तम मर्यादाओं का पालन अवश्य किया जाना चाहिए, वह हँसते हुए कहती है कि लड़कियाँ कभी सीमित एवं संकुचित नहीं रहीं, परंतु उन्हें यदा-कदा यह चेतावनी अवश्य दी जाती थी कि यदि वे अच्छा नहीं करेंगी तो अठारह वर्ष की आयु होते ही उनका विवाह कर दिया जाएगा; लेकिन वे मात्र खोखली चेतावनियाँ थीं, उन्हें कभी कोई काम करने से रोका नहीं गया। उसने हमेशा महसूस किया कि उसके दादाजी की सतर्क निगाहें उस पर टिकी रहती हैं, यद्यपि उसकी कोशिश सदैव यही होती थी कि मुझे अलग कमरे में रहने की अनुमति मिले। वह ऐसे वृद्ध महापुरुष थे, जो अपनी पौत्रियों को गुणवान, पारंपरिक एवं आधुनिक होते देखना चाहते थे; वह उन्हें सहिष्णु, मित्रवत् एवं सशक्त देखना चाहते थे; वे उन्हें ज्ञानवान, कर्मठ एवं बुद्धिमान देखना चाहते थे।

> ***आज यह महत्त्वपूर्ण नहीं है कि कोई परिवार एक साथ कितना समय व्यतीत करता है, वर्तमान परिस्थितियों में हम देख सकते हैं कि परिवार के सदस्य एक ही कमरे में बैठे होने के बावजूद मोबाइल फोन पर अपने-अपने सपनों की दुनिया में खोए रहते हैं, यहाँ तक कि छोटे बच्चे भी इससे अछूते नहीं हैं।***

आज यह महत्त्वपूर्ण नहीं है कि कोई परिवार एक साथ कितना समय व्यतीत करता है, वर्तमान परिस्थितियों में हम देख सकते हैं कि परिवार के सदस्य एक ही कमरे में बैठे होने के बावजूद मोबाइल फोन पर अपने-अपने सपनों की दुनिया में खोए रहते हैं, यहाँ तक कि छोटे बच्चे भी इससे अछूते नहीं हैं। एक साथ होने से अधिक महत्त्वपूर्ण यह है कि कितना गुणवत्तापूर्ण समय एक साथ बिताया जा रहा है? गुणवत्तापूर्ण समय का सीधा सा अर्थ यह है कि परिवार के सदस्य परस्पर कितना संवाद करते हैं; वे कितनी गतिविधियों में एक साथ शामिल होते हैं; और जब यह पहलू खेल से जुड़ जाता है तो इंदिरा अत्यंत सौभाग्यशाली दिखाई पड़ती है। जब उसके रिश्ते के भाई-बहन एक

साथ घर में होते या कोई अन्य स्थिति होती तो सब मिलकर अपना समय एक साथ व्यतीत करते। दादाजी और शांता, दोनों साथ मिलकर सुनिश्चित करते कि बच्चों का समय अच्छी तरह बीते और इसे रचनात्मक गतिविधियों में संलग्न होकर संभव बनाया जाता था। इन गतिविधियों का परिणाम पुरस्कार के रूप में सामने आता, चाहे वह पुरस्कार छोटी सी चॉकलेट ही क्यों न हो, परंतु पुरस्कार की आशा बच्चों को प्रतिस्पर्धात्मक मनःस्थिति में ले आती थी। इन गतिविधियों में भाषण देना, अभिनय, निबंध लेखन, गीत गायन, रागों की पहचान इत्यादि शामिल होते थे। इन गतिविधियों का एक महत्त्वपूर्ण पक्ष यह होता था कि इन्हें काल्पनिक रूप से प्रस्तुत किया जाता था, ताकि बच्चे अमूर्त विषयों, जैसे 'यदि मैं भारत का प्रधानमंत्री होता…' अथवा 'यदि मेरे तीन कान होते' के बारे में अच्छी तरह सोचने को विवश होते और इससे यह तय होता कि बच्चे अपने विचारों को प्रस्तुत करने की क्षमता विकसित करते हैं और उस क्षमता को अभ्यास में लाते हुए उन्हें अपना लक्ष्य बनाने की शिक्षा ग्रहण करते हैं।

इस कल्पना के बगैर कि वे प्रधानमंत्री थे, बच्चे ऐसे संभाषणों में निमग्न नहीं हो सकते थे, इसलिए स्वाभाविक तौर पर अपने आसपास के समुदाय के पर्यवेक्षण हेतु वे विवश होते। महान् नेता अच्छे पर्यवेक्षक होते हैं और यह गुण उनमें बचपन में ही विकसित किया जाता था। इंदिरा ने एक साक्षात्कार में स्वयं स्वीकार किया है कि "वास्तव में मैं सोचती हूँ कि मेरी माँ की इच्छा थी कि वह इस देश की प्रधानमंत्री बने, उसने अपनी यह अभिलाषा हमारी ओर सरका दी।"

इस प्रकार के पालन-पोषण एवं शिक्षा ने सुनिश्चित किया कि बच्चे

इस कल्पना के बगैर कि वे प्रधानमंत्री थे, बच्चे ऐसे संभाषणों में निमग्न नहीं हो सकते थे, इसलिए स्वाभाविक तौर पर अपने आसपास के समुदाय के पर्यवेक्षण हेतु वे विवश होते। महान् नेता अच्छे पर्यवेक्षक होते हैं और यह गुण उनमें बचपन में ही विकसित किया जाता था।

बिना यह महसूस किए कि उन्हें अपने भावी जीवन के लिए तैयार किया जा रहा है, उन्होंने उन गतिविधियों में केवल मनोरंजन हेतु भाग लिया था, इन गतिविधियों में विस्तृत भाषण और निर्देश शामिल नहीं होते थे; बच्चों से केवल यही अपेक्षा की जाती थी कि वे अच्छा करें। यही कारण है कि इंदिरा अपनी माँ को अपना महानतम आदर्श मानती है, क्योंकि उन्होंने अपने बच्चों को नेतृत्व-निर्माण गतिविधियों के बारे में कभी यह महसूस नहीं होने दिया। यदि मामला ऐसा न होता तो हमारे पास अच्छे नेताओं की कोई कमी न होती! ऐसा ही मामला मेरे दादाजी का भी था, जो मानते थे कि उनकी पौत्रियाँ वह सब बनने जा रही हैं, जो वे बनना चाहती हैं।

इंदिरा को अपने सपनों को साकार करने हेतु इस प्रकार के वातावरण ने उसके बचपन में व्यापक भूमिका निभाई, लेकिन ऐसे पारंपरिक शहर के मध्य, जहाँ प्रत्येक दृष्टि आपके ऊपर टिकी हो, शांता और दादाजी के लिए इस प्रकार का पालन-पोषण और शिक्षा उपलब्ध कराना आसान नहीं था।

इंदिरा को अपने सपनों को साकार करने हेतु इस प्रकार के वातावरण ने उसके बचपन में व्यापक भूमिका निभाई, लेकिन ऐसे पारंपरिक शहर के मध्य, जहाँ प्रत्येक दृष्टि आपके ऊपर टिकी हो, शांता और दादाजी के लिए इस प्रकार का पालन-पोषण और शिक्षा उपलब्ध कराना आसान नहीं था। वे ऐसे समुदाय में निवास करते थे, जिसमें लड़कियों की अठारह वर्ष की आयु विवाह हेतु सर्वाधिक उपयुक्त समझी जाती थी और न केवल परिवार के सदस्य, अपितु पड़ोसी और अन्य लोग भी उनके लिए योग्य वर की खोज में रुचि लेने लगते थे। शांता के लिए ऐसे प्रस्तावों को ठुकराना कोई आसान काम नहीं था, क्योंकि वह अपनी पुत्रियों को कुछ अलग, अर्थात् आत्मनिर्भर और कामकाजी बनाना चाहती थी। जब अन्य स्त्रियों ने शांता को बताया कि वे अपनी जवान बेटियों का विवाह करने जा रही हैं और उससे जानना चाहा कि वह ऐसा कब करने जा रही हैं, तो वह अडिग रहीं। उनमें से कुछ स्त्रियों

ने तो यहाँ तक कहा कि चंद्रिका के विवाह में विलंब करने से इंदिरा की शादी में भी देरी हो जाएगी।

भारतीय गृहस्थियों में आमतौर पर लड़की की विवाह योग्य आयु होने पर पत्नी ही अपने पति को पुत्री के विवाह हेतु तैयारी करने का दबाव डालती है। उस युग में तमिल ब्राह्मण समुदाय में विवाह हेतु अठारह वर्ष की आयु होना आवश्यक माना जाता था, परंतु शांता का मामला भिन्न था; कभी-कभार उसके पति लड़कियों के विवाह के विषय में चर्चा करते तो ऐसे सुझाव पर वह केवल अपने कंधे उचका देती। एक ओर जहाँ वह अपने पति का कठोरता से सामना करती, वहीं दूसरी ओर वह अपनी बेटियों को धमकाने का मौका भी नहीं गँवाती थी कि यदि वे अच्छी तरह पढ़ाई नहीं करेंगी तो उनका विवाह कर दिया जाएगा। बेटियों ने भी महसूस किया कि माँ के इस कथन का आशय मात्र यह था कि वह उन्हें अपनी इच्छानुसार आगे बढ़ने का अवसर देना चाहती थीं, अतः इस अवसर का लाभ उठाना चाहिए, अन्यथा उनका जीवन भी देश की अन्य स्त्रियों के जीवन से भिन्न नहीं होगा। अपने दादाजी और माता-पिता को अपना मार्गदर्शक तथा मित्र मानते हुए इंदिरा और उसकी बहन ने आगे बढ़ने के इस अवसर का भरपूर लाभ उठाया। इसके साथ-साथ वे यह बात भी भलीभाँति जानती थीं कि वे अपने परिवार की ऊँची सामाजिक स्थिति, परंपरा और परिवार के सम्मान के साथ खिलवाड़ नहीं कर सकती हैं; उन्हें अद्वितीय रूप से आगे बढ़ना ही होगा। इंदिरा यह तो जानती थी कि उसके लक्ष्य बहुत ऊँचे हैं, परंतु यह नहीं जानती थी कि कभी वह इतनी ऊँची हस्ती बनेगी, जिसके दुनिया भर में लाखों प्रशंसक होंगे।

□

पंख प्रसार

अभिभावकीय संरक्षण और पालन-पोषण तथा शिक्षा बच्चे के व्यक्तित्व विकास एवं आधारभूत मूल्यों को आत्मसात् करने में सहायक होते हैं, जिनका प्रभाव उसके भावी जीवन पर पड़ता है। विद्यालयी वर्ष समाप्त होनेवाले थे और अब ऐसा निर्णय लिये जाने की आवश्यकता थी और यह ऐसी परीक्षा की घड़ी थी, जिस पर इंदिरा का आगामी विकास निर्भर था और वह निर्णय यह था कि लड़की को किस कॉलेज (महाविद्यालय) में प्रवेश दिलाया जाए ? जिस पारंपरिक व्यवस्था में इंदिरा पली-बढ़ी थी, उसके आधार पर यही अपेक्षा थी कि उसे किसी महिला कॉलेज में भेजा जाना चाहिए, परंतु अभिभावकीय दृष्टिकोण इससे भिन्न था, क्योंकि इन महाविद्यालयों में रसायन शास्त्र की शिक्षा नहीं दी जाती थी, पितामह और माता-पिता लड़की की संभावनाओं को सीमित करने के इच्छुक नहीं थे, अतः सन् 1972 में इंदिरा ने एम.सी.सी. (मद्रास क्रिश्चियन कॉलेज) में अपने पीयूसी (प्री-यूनिवर्सिटी कोर्स) हेतु प्रवेश लिया। अभी हाल में ही लड़कियों के लिए खोले जाने से पूर्व तक वह केवल लड़कों का कॉलेज था। बहरहाल इंदिरा को एम.सी. सी. में प्रवेश की अनुमति देना एक प्रगतिशील कदम था, क्योंकि प्रतिष्ठा एवं कार्यप्रदर्शन के मामले में उसका स्तर काफी ऊँचा था और कालांतर में उसने अनेक चमकते व्यक्तित्वों को जन्म दिया था, जिनमें भारत के पूर्व राष्ट्रपति एस. राधाकृष्णन, स्वाधीनता सेनानी कोंडा वेंकटप्पैया, थल सेनाध्यक्ष के. सुदरजी, भूतपूर्व केंद्रीय वित्तमंत्री टी.टी. कृष्णमाचारी, राज्यपाल एम.एम.

राजेंद्रन, राजनयिक के.पी.एस. मेनन, पूर्व मुख्य चुनाव आयुक्त टी.एन. शेषन, परमाणु वैज्ञानिक राजा रमन्ना, खिलाड़ी आर.एस. अमृतराज, कारोबारी डी.सी. कोठारी जैसे महानुभाव शामिल थे। इनके अतिरिक्त इस प्रतिष्ठित सूची में अनेक अन्य प्रमुख हस्तियों के नाम भी शामिल हैं, जो कला, फिल्म, संगीत, विधि, व्यापार, कूटनीति, राजनीति, अर्थव्यवस्था, मीडिया, साहित्य, स्वास्थ्य, सार्वजनिक स्वास्थ्य, धर्म, इतिहास सहित विविध क्षेत्रों के अग्रणी व्यक्तित्व माने जाते हैं। वास्तव में यह एक अंतहीन सूची है और अब वह समय दूर नहीं था, जब इस सूची में एक अन्य उदीयमान सितारे का नाम जुड़नेवाला था और वह नाम था इंदिरा के. नूई!

अभिभावकों की सबसे पहली चिंता लड़कियों की सुरक्षा के संबंध में होती है। इंदिरा के पितामह और माता-पिता इस तथ्य को जान चुके थे कि एम.सी.सी. लड़कियों के लिए सुरक्षित है, यद्यपि वे यह भी भलीभाँति जानते थे कि उनके अधिकतर पड़ोसी ऐसा नहीं सोचते हैं।

अभिभावकों की सबसे पहली चिंता लड़कियों की सुरक्षा के संबंध में होती है। इंदिरा के पितामह और माता-पिता इस तथ्य को जान चुके थे कि एम.सी.सी. लड़कियों के लिए सुरक्षित है, यद्यपि वे यह भी भलीभाँति जानते थे कि उनके अधिकतर पड़ोसी ऐसा नहीं सोचते हैं। इंदिरा को एम.सी.सी. में भेजना बाँध तोड़ने जैसा था, क्योंकि अनेक अन्य लड़कियाँ महिला कॉलेजों में गई थीं और किसी रूढ़िवादी परिवार के लिए यह एक महत्त्वपूर्ण कदम था; परिवार की एकमात्र चिंता यह थी कि लड़कियों के लिए सर्वोत्तम संभव शिक्षा सुनिश्चित की जाए और इसके लिए सीमाओं का उल्लंघन आवश्यक था।

उस समय तक कॉलेज सह-शैक्षणिक बन चुका था, अतः लड़कों की अपेक्षा लड़कियों की संख्या स्वाभाविक रूप से अत्यंत कम थी; इंदिरा के लिए उन्नत होकर समान व्यवहार करने का उचित समय था; उसे पुरुषों के गढ़ में तहलका मचाने का अवसर प्राप्त हो गया था, यौवन के सोपान पर

कदम रखते हुए, अब तक उसने जो मूल्य और ज्ञान अर्जित किया था, इंदिरा उसे मूर्त रूप देने के लिए तैयार थी। कॉलेज शहर के बाहरी क्षेत्र तांबरम में स्थित था, इसलिए उसे इतनी लंबी दूरी तय करने के लिए ट्रेन से जाना पड़ता था। रेलगाड़ी की यात्रा से सीखने का अनुभव प्राप्त होता था, क्योंकि उस दौरान आपको विभिन्न पृष्ठभूमियों के विभिन्न लोगों को देखने और समझने का अवसर मिलता है और इसके लिए इस पृथ्वी पर कॉलेज जैसा कोई अन्य स्थान नहीं हो सकता था। इस यात्रा के दौरान उसकी बड़ी बहन चंद्रिका उसके साथ होती थी, जिसके पास परामर्श हेतु अनेक चीजें थीं, फिर भी वह चाहती थी कि उसकी छोटी बहन हर चीज प्रशिक्षण की बजाय अपने अनुभव से सीखे। शिक्षा की व्यस्त अनुसूची के बावजूद दोनों बहनें अपनी-अपनी प्रतिभाओं का प्रदर्शन करने की इच्छुक थीं। सत्तर के दशक में तमिलनाडु परंपरा, विशेषतया परिधान एवं व्यवहार के मामले में रूढ़िवादी था, एक निश्चित आयु, जिसमें दोनों बहनें प्रवेश करने जा रही थीं, साड़ी पहनने की परिधान संहिता का उल्लंघन करना अपरिहार्य नहीं था।

इंदिरा लड़कियों के रॉक बैंड में शामिल हो गई और उसके शास्त्रीय संगीत के ज्ञान ने उसके प्रदर्शन में बढ़त दिला दी। उसने अपनी पसंदीदा सूची में फुरती से बीटल्स और हैरी बेलाफॉण्ट जैसे कलाकारों के पश्चिमी गीतों को भी समाहित कर लिया।

इंदिरा लड़कियों के रॉक बैंड में शामिल हो गई और उसके शास्त्रीय संगीत के ज्ञान ने उसके प्रदर्शन में बढ़त दिला दी। उसने अपनी पसंदीदा सूची में फुरती से बीटल्स और हैरी बेलाफॉण्ट जैसे कलाकारों के पश्चिमी गीतों को भी समाहित कर लिया। किसी अन्य लड़की की भाँति उसकी भी इच्छा थी कि वह अपनी टीम के अन्य सदस्यों की तरह जींस और पैंट पहने, क्योंकि पश्चिमी संगीत के लिए साड़ी जैसा पारंपरिक परिधान उपयुक्त नहीं था, किंतु वह यह देखकर थोड़ा चिंतित हो गई कि उसके परिवारवालों की पसंदीदा पश्चिमी पॉप गायिका उषा उथुप नाइट क्लबों में साड़ी पहनकर

अपनी प्रस्तुतियाँ देती थी, संभव है कि परिवार की ओर से इंदिरा के समक्ष उथुप को उसके आदर्श के रूप में प्रस्तुत करने का मुख्य कारण यही हो।

ऐसी स्थिति में इंदिरा ने अनुभव किया कि रूप की अपेक्षा विषय अधिक महत्त्वपूर्ण था और उसकी पारंपरिक वेशभूषा को उसकी प्रतिभा को संकुचित करने का बहाना नहीं बनाया जा सकता था, यही बात इंदिरा के लिए भी सच थी, क्योंकि उसकी परंपराएँ उसे स्कर्ट पहनने के विषय में सोचने तक की अनुमति नहीं देती थीं, क्योंकि वह अपनी टाँगों को उघाड़ने की कल्पना भी नहीं कर सकती थी, फिर भी वह जींस और पेंट अवश्य पहनना चाहती थी, परंतु उचित समय अभी भी उसकी परिधि में नहीं था।

ऐसी स्थिति में इंदिरा ने अनुभव किया कि रूप की अपेक्षा विषय अधिक महत्त्वपूर्ण था और उसकी पारंपरिक वेशभूषा को उसकी प्रतिभा को संकुचित करने का बहाना नहीं बनाया जा सकता था, यही बात इंदिरा के लिए भी सच थी, क्योंकि उसकी परंपराएँ उसे स्कर्ट पहनने के विषय में सोचने तक की अनुमति नहीं देती थीं''

परिधान कोई उचित सीमांकन कारक नहीं हो सकता था, अतः इंदिरा ने अपनी प्रतिभा एवं विशेषता को निखारने का चयन किया, जो प्रतिस्पर्धात्मक जगत् में अपने जीवन को स्थिर करने में सहायक बन सके। उसकी माँ शांता लड़कियों को सिखाती रहती थीं कि बजाय इसके कि तुम अपने पास किसी के आने की प्रतीक्षा करती रहो, कभी तुम्हें अवसर प्राप्त करने के लिए स्वयं आगे बढ़ना पड़ सकता है और इसकी पहल तुम स्वयं करो। इंदिरा ने अपनी माँ के इस सुझाव पर अमल करते हुए अपने कॉलेज की पत्रिका के लिए विज्ञापनों की बिक्री हेतु प्रायोजकों से मिलने की पहल की, यह बात अलग थी कि धन के अभाव में उस वर्ष पत्रिका प्रकाशित नहीं हो सकी, चूँकि इस कार्य के लिए कॉलेज से बाहर निकलना और बाजार के व्यापारियों, उद्योगों और कार्यालयों में लोगों से मिलना-जुलना

आवश्यक था, यह काम लड़कों को सौंप दिया गया, इसके लिए कॉलेज से बाहर निकलने की स्वैच्छिक पहल इंदिरा ने स्वयं की और केवल इतना ही नहीं, वह एक स्वाभाविक नेता के रूप में उभरकर सामने आई।

इंदिरा ने यह लोकाचार पहले ही सीख लिया था कि कार्य पूरा होने तक उसे निरंतर करते रहना चाहिए और कभी बीच में नहीं छोड़ना चाहिए। कार्य को इस तरह करना चाहिए, जैसे न तो पहले किसी ने किया हो और न ही भविष्य में कोई उस तरह कर सके। जब आप किसी काम को अपने हाथ में लेते हैं तो वह चुनौती बन जाता है तो आपको किसी को निराश करने का कोई अधिकार नहीं है। एक साक्षात्कार में वह कहती है, "मेरे माता-पिता और पितामह ने सबसे पहले मुझे यही सिखाया था कि जब तुम कोई काम करो तो तुम्हें किसी अन्य व्यक्ति की अपेक्षा अधिक अच्छा करना चाहिए। कितना आसान है यह, आप किसी को भी निराश नहीं कर सकते।" वह स्वीकार करती है कि यह भावना मेरे मन में तब से लेकर आज तक निरंतर समाई हुई है, किसी परियोजना को अपने हाथ में लेने का निर्णय अपनी इच्छाशक्ति को दुनिया के सामने प्रस्तुत करने के समान है कि आप तमाम अड़चनों के बावजूद उस कार्य को पूर्ण करने के प्रति वचनबद्ध हैं। वह बड़े गर्व से कहती है कि काम करने का इसके अतिरिक्त कोई अन्य तरीका उसे ज्ञात नहीं है और यह ऐसी रीति है, जिसे वह अपनी टीम के अन्य सदस्यों में विकसित करना चाहती है, क्योंकि उनके मतानुसार सफलता का अंतिम और एकमात्र उपाय यही है।

> ***इंदिरा ने यह लोकाचार पहले ही सीख लिया था कि कार्य पूरा होने तक उसे निरंतर करते रहना चाहिए और कभी बीच में नहीं छोड़ना चाहिए और कार्य को इस तरह करना चाहिए, जैसे न तो पहले किसी ने किया हो और न ही भविष्य में कोई उस तरह कर सके।***

उसके कॉलेज की अनेक ऐसी छात्राएँ हैं, जिन्होंने अपनी पढ़ाई के

दौरान अपनी विशेषताओं का उल्लेख किया था। कहती हैं कि यदि वे विशेषताएँ कोई संकेत थीं तो वे निश्चय ही तेजी से आगे बढ़ सकती हैं, वे स्वयं को आत्मविश्वासी, विशिष्ट एवं क्रियाशील मानती हैं; स्वयं कोई पहल कर सकती हैं। और सुनिश्चित करती हैं कि जो भी काम वे अपने हाथों में लेंगी, उसे पूरा अवश्य करेंगी। वह नारी सशक्तीकरण की एक प्रतिमूर्ति थी। यह केवल शिक्षा की बात नहीं थी कि उसने सर्वाधिक प्रभावित किया, जब उसके समग्र व्यक्तित्व की बात आती है तो वह सदैव शीर्ष पर नजर आती है और यही कारण था कि वह अपने प्रोफेसरों की दृष्टि में हमेशा श्रेष्ठ बनी रही। चाहे सांस्कृतिक क्षेत्र में आयोजित होनेवाली कोई गतिविधि हो अथवा खेल का मैदान हो, वह सभी गतिविधियों में खुलकर भाग लेती थी।

इंदिरा प्रयोगशाला में कार्य करते समय गंभीरता की प्रतिमूर्ति बन जाती थी, वह कहीं भी रहे, उसे यह ज्ञात होता था कि उसके इर्द-गिर्द लोग क्या कर रहे हैं। उसके पास पर्यवेक्षण की अद्‍भुत शक्ति थी। उसके विषय में उसके एक प्रोफेसर स्मरण करते हुए बताते हैं कि 'कॉलेज में ऐसा कोई काम नहीं था, जो उसने नहीं किया।'

इंदिरा प्रयोगशाला में कार्य करते समय गंभीरता की प्रतिमूर्ति बन जाती थी, वह कहीं भी रहे, उसे यह ज्ञात होता था कि उसके इर्द-गिर्द लोग क्या कर रहे हैं। उसके पास पर्यवेक्षण की अद्‍भुत शक्ति थी। उसके विषय में उसके एक प्रोफेसर स्मरण करते हुए बताते हैं कि 'कॉलेज में ऐसा कोई काम नहीं था, जो उसने नहीं किया।' परिस्थिति की माँग पर वह अत्यंत स्पष्टवादी भी बन जाती थी, इसे प्रमाणित करने का एक दृष्टांत है—एक बार उसकी कक्षा में ऐसा प्रश्न पूछा गया, जिसे हल कर पाना विद्यार्थियों के लिए अत्यंत कठिन था, जिससे उसके सहपाठियों के बीच नाराजगी उत्पन्न हो गई। इंदिरा ने अगुआई करते हुए सभी को प्रयास करने का सुझाव दिया, तत्पश्चात् लड़कियों के एक समूह के साथ प्रोफेसर के कक्ष में जाकर सशक्त रूप से उनसे कहा

कि प्रश्न की प्रकृति के कारण लड़कियाँ उसे हल नहीं कर पाईं; वह प्रश्न में त्रुटि से प्रोफेसर को सहमत करने में सफल रही, जिसका परिणाम सुखद रहा, पुनर्परीक्षा का आदेश दे दिया गया। इससे जीवन में हमें यह सबक सीखने को मिला कि यदि आप किसी समस्या को हल करने का उचित दृष्टिकोण अपनाते हैं तो यह निश्चित है कि आप सफल अवश्य होगे।

सन् 1974 में इंदिरा ने अपनी स्नातक शिक्षा पूर्ण कर ली थी और भविष्य के विषय में निर्णय लेने का समय आ गया था। अपने शैक्षणिक कार्यप्रदर्शन के आधार पर उसे शिक्षण अथवा अनुसंधान का चयन करना चाहिए था, क्योंकि अधिकांश अन्य लड़कियाँ उस समय वही करने की इच्छुक थीं, परंतु इंदिरा का मामला भिन्न था, वह शांत होकर बैठ गई और उसने अपनी विगत गतिविधियों का सावधानीपूर्वक परीक्षण किया। इनमें शैक्षणिक एवं सह-पाठयक्रमिक गतिविधियों के साथ-साथ उसके व्यक्तित्व के सशक्त बिंदु और अंतर्वैयक्तिक कौशल भी शामिल थे। इसके बाद उसने निर्णय किया कि उसके भाग्य में शिक्षक अथवा अनुसंधानक या चिकित्सक होना नहीं लिखा है। किसी समय उसने डॉक्टर बनने का सपना अवश्य देखा था, परंतु तभी उसने महसूस किया कि कोई निर्णय लेने का यही उपयुक्त समय था। भाग्य अपना ही खेल खेल रहा था, वह एक साक्षात्कार में कहती है, "मैं भी भाग्य और भविष्य

सन् 1974 में इंदिरा ने अपनी स्नातक शिक्षा पूर्ण कर ली थी और भविष्य के विषय में निर्णय लेने का समय आ गया था। अपने शैक्षणिक कार्यप्रदर्शन के आधार पर उसे शिक्षण अथवा अनुसंधान का चयन करना चाहिए था, क्योंकि अधिकांश अन्य लड़कियाँ उस समय वही करने की इच्छुक थीं, परंतु इंदिरा का मामला भिन्न था, वह शांत होकर बैठ गई और उसने अपनी विगत गतिविधियों का सावधानीपूर्वक परीक्षण किया।

पर विश्वास करती हूँ, मैं प्रसूति रोग विशेषज्ञ (जच्चा-बच्चा डॉक्टर) बनना चाहती थी, किंतु आप स्वयं देख सकते हैं कि आज मैं क्या हूँ!"

अब वह अपने अगले लक्ष्य की ओर आगे बढ़ने को तैयार थी, परंतु इसके लिए उसे शहर से बाहर जाने की आवश्यकता थी, जहाँ वह अपने पितामह की सतर्क आँखों एवं अपनी माँ की परवाह करनेवाली, किंतु उत्सुक आँखों के सामने रहती थी। यही वह समय था, जब उसे अपने बचपन में अर्जित सभी मूल्यों एवं गुणों तथा कॉलेज में ग्रहण किए समस्त अनुभवों की परीक्षा करनी थी।

□

बंध भंजन

स्नातक शिक्षा पूर्ण हो चुकी थी और अब अपने भावी कार्यों को निर्धारित करने का यह उपयुक्त समय था। उसे एक ऐसा निर्णय लेना था, जो उसकी आजीविका (व्यवसाय) के लिए निर्णायक सिद्ध हो। इंदिरा शिक्षण अथवा अनुसंधान के क्षेत्र में प्रवेश नहीं करना चाहती थी, एकाध बार उसने प्रसूतिरोग विशेषज्ञ बनने का स्वप्न अवश्य देखा था, लेकिन उसने उसके विपरीत कुछ और करने का प्रयास किया, पथ-प्रदर्शक के रूप में उसके पास उसकी बड़ी बहन चंद्रिका थी, जो पहले ही भारतीय प्रबंधन संस्थान (आई.आई.एम.), अहमदाबाद में थी।

माँ शांता रसोई में काम कर रही थी और इंदिरा गहरे विचारों में खोई हुई बैठकर सोच रही थी कि वह अपने बारे में क्या निर्णय करे? वह खुशकिस्मत थी कि उसके पास सहयोगी माता-पिता और दादाजी थे, परंतु उसकी ओर से निर्णय न ले पाने की स्थिति में 'विवाह' की झूठी धमकी वास्तविकता में बदल सकती थी। अतः सबसे महत्त्वपूर्ण यह था कि कोई निर्णय लिया जाए, न केवल उस धमकी से बचने के लिए, अपितु दुनिया को यह दिखाने के लिए कि वह निर्णय मात्र धमकी को बेअसर करने के लिए नहीं लिया गया था। पृष्ठभूमि में रेडियो पर उसके पसंदीदा गायक बेलाफॉण्ट का लोकप्रिय गीत बज रहा था, उस समय उसे इस बात का कोई आभास नहीं था कि उसका निर्णय एक दिन उसे उनके सामने ले जाकर खड़ा कर देगा। उसके सामने एक विकल्प यह था कि वह चंद्रिका का अनुसरण करे, परंतु चंद्रिका

उसे पहले ही उससे दूर रहने का निर्देश दे चुकी थी। चंद्रिका पहले ही स्वयं को दीपशिखा के रूप में प्रमाणित कर चुकी थी, क्योंकि वह परिवार में अब तक की पहली ऐसी लड़की थी, जो पारिवारिक सीमाओं को लाँघकर शहर के बाहर पढ़ने गई थी; एक प्रकार से वह पारिवारिक दृष्टिकोण में व्यापक परिवर्तन था। अंततः उसने भारतीय प्रबंधन संस्थान, कलकत्ता में प्रवेश लेने का निर्णय लिया, इंदिरा ने वहाँ अपना पंजीयन पी.जी.डी.बी.ए. (पोस्ट-ग्रैजुएट डिप्लोमा इन बिजनेस एडमिनिस्ट्रेशन) में कराया।

अधिकतर युवा उन दिनों प्रबंधन की पढ़ाई के लिए नहीं जाते थे; लेकिन जो गए, वे अग्रदूत सिद्ध हुए, क्योंकि वे देश और दुनिया की अर्थव्यवस्था की नींव रखने गए थे। इंदिरा के निर्णय से उसके अभिभावक चकित नहीं हुए, क्योंकि चंद्रिका पहले ही बिजनेस स्कूल में थी; उन्हें चौंकाने वाला तथ्य यह था कि एक सीधी-सादी लड़की ने विपणन (मार्केटिंग) विषय का चयन किया था।

अधिकतर युवा उन दिनों प्रबंधन की पढ़ाई के लिए नहीं जाते थे; लेकिन जो गए, वे अग्रदूत सिद्ध हुए, क्योंकि वे देश और दुनिया की अर्थव्यवस्था की नींव रखने गए थे। इंदिरा के निर्णय से उसके अभिभावक चकित नहीं हुए, क्योंकि चंद्रिका पहले ही बिजनेस स्कूल में थी; उन्हें चौंकाने वाला तथ्य यह था कि एक सीधी-सादी लड़की ने विपणन (मार्केटिंग) विषय का चयन किया था। ऐसा माना जाता था कि मार्केटिंग का विषय नवयुवकों के लिए उपयुक्त है, परंतु यहाँ तो एक लड़की थी, जो पुरुषों के क्षेत्र में घुसपैठ की कोशिश कर रही थी! यदि ऐसे बाह्य क्षेत्र में लड़की अपने पारंपरिक परिधान में जाकर सफलता प्राप्त करती तो संदेह बना रहता।

किसी भी परिवार के लिए उसके बच्चे का उसकी आँखों से दूर जाना अच्छा नहीं माना जाता और यदि कोई 'लड़की' घर से दूर जा रही हो तो चिंता और भी बढ़ जाती है। शांता ऐसी चिड़िया की भाँति थी, जो अपने बच्चों

को घोंसले में पाल-पोसकर बड़ा करती है और एक दिन बच्चे उसे छोड़कर अनजान जगह पर दाना चुगने हेतु उड़ जाते हैं, बेचारी माता-चिड़िया घोंसले में अकेली रह जाती है। पिछले साल जब चंद्रिका ने घर छोड़ा था तो उसे अधिक महसूस नहीं हुआ था, लेकिन छोटी बेटी को विदा करना एक हृदय-विदारक घटना थी, फिर भी शांता ने अपने आँसुओं को आँखों से बाहर नहीं आने दिया, उसने अपनी लड़कियों के विवाह के विरुद्ध जाने का निर्णय इसलिए किया था, ताकि उन्हें अपने पंख फैलाने का भरपूर अवसर मिले। अब अगला कदम उठाने का समय आ गया था और ऐसे महत्त्वपूर्ण मोड़ पर वह खुद को कमजोर साबित नहीं कर सकती थी।

इंदिरा को विदाई देने हेतु जितने भी लोग एकत्र हुए थे, उन सभी ने उसे अनेक सुझाव दिए, जैसा कि उसके एम.सी.सी. में प्रवेश लेने के समय हुआ था। नई स्थिति के दृष्टिगत सलाह के भी नए शब्द कहे गए, किसी ने कहा कि पत्र लिखती रहना, जिन लोगों से तुम्हें कलकत्ता में सहायता लेने की आवश्यकता पड़े, उनके नाम और टेलीफोन नंबर लिखकर रख लेना इत्यादि। जिस प्रकार की शिक्षा और जीवन मूल्य उसके परिवार ने उसे दिए थे, उसे देखते हुए परिवार के लोग अपनी बेटी के प्रति आश्वस्त थे।

इंदिरा को विदाई देने हेतु जितने भी लोग एकत्र हुए थे, उन सभी ने उसे अनेक सुझाव दिए, जैसा कि उसके एम.सी.सी. में प्रवेश लेने के समय हुआ था। नई स्थिति के दृष्टिगत सलाह के भी नए शब्द कहे गए, किसी ने कहा कि पत्र लिखती रहना, जिन लोगों से तुम्हें कलकत्ता में सहायता लेने की आवश्यकता पड़े, उनके नाम और टेलीफोन नंबर लिखकर रख लेना इत्यादि।

इंदिरा आई.आई.एम.सी. में 1976 में पहुँची, संस्थान का परिसर हाल में ही अपने नवनिर्मित वर्तमान परिसर में स्थानांतरित हुआ था, जहाँ उसे अनेक नवनिर्मित सुविधाएँ प्राप्त हुईं। अब उसके लिए अपनी नई पहचान बनाने का

अवसर आ गया था। आश्वस्त, स्पष्टवादी और उत्साही तो वह पहले ही थी और उसकी इन्हीं विशेषताओं ने उसे पढ़ाई में भी उत्तम करने की दिशा में प्रवृत्त किया। हालाँकि उसने अंतरराष्ट्रीय विपणन, उपभोक्ता प्रवृत्ति, विक्रय प्रबंधन इत्यादि में अच्छे अंक प्राप्त किए, इसके बावजूद वह कभी भी संस्थान की मानद सूची में अपना स्थान नहीं बना सकी। उसके विषय-पाठी उसे आश्वस्त, निर्भीक, मित्रवत् एवं सहायक के रूप में देखते थे। आई.आई. एम. में अध्ययन करना एक कठिन कार्य है, परंतु वह संगीत और खेल जैसी पाठयेतर गतिविधियों में भाग लेने के लिए समय निकाल लेती थी। वह क्रिकेट और टेबल टेनिस में भी रुचि लेने लगी थी। उसके साथी खिलाड़ी उसे ऐसे दुर्दांत प्रतिद्वंद्वी के रूप में देखते थे, जिसके खेल में आक्रामकता होती थी।

> *प्रबंधन ऐसा क्षेत्र है, जिसके विद्यार्थी से पूर्णतया शैक्षणिकता पर ध्यान केंद्रित करने की बजाय सर्वगुण-संपन्न होने की अपेक्षा की जाती है। इंदिरा के लिए विविध गतिविधियों में भाग लेना पूर्णतया तात्कालिक था"*

प्रबंधन ऐसा क्षेत्र है, जिसके विद्यार्थी से पूर्णतया शैक्षणिकता पर ध्यान केंद्रित करने की बजाय सर्वगुण-संपन्न होने की अपेक्षा की जाती है। इंदिरा के लिए विविध गतिविधियों में भाग लेना पूर्णतया तात्कालिक था और यही कारण था कि औसत शैक्षणिक प्रदर्शन के बावजूद वह अपने गुरुजनों और विषयपाठियों के दिलों को जीतने में सफल रही थी।

आई.आई.एम.सी. से स्नातक होने के लगभग तीस वर्ष बाद वह उसमें सम्मानित अतिथि बनकर वापस लौटी। अधिष्ठाता (डीन) अनिंद्य सेन ने उसका परिचय ऐसे व्यक्ति के रूप में कराया, जिसका नाम संस्थान के मानद पटल पर कभी स्थान नहीं पा सका, फिर भी वह उनकी प्रख्यात स्नातकों में से एक बनकर उभरी। इंदिरा ने इस अवसर का लाभ उठाते हुए कहा कि समय के साथ-साथ मनुष्य की सोच भी बदल जाती है, जिस समय उसने यहाँ प्रवेश लिया था, उस समय अनेक लोगों ने कहा था कि पुत्रियों को घर की दहलीज

के बाहर कदम नहीं रखना चाहिए और लड़की के शहर से बाहर निकलने की बात पर तो हमेशा 'न-न' ही होती थी, यदि उसे अपने घरवालों का समर्थन न मिलता तो उसे भी घर से बाहर निकलने के नाम पर विवाह की धमकी मिलती।

इंदिरा आई.आई.एम.सी. में अपनी स्नातक की पढ़ाई पूरी करने के बाद काम करने के लिए चेन्नई लौट आई। उसने मैनचेस्टर (ब्रिटेन) स्थित एक ब्रिटिश टेक्सटाइल कंपनी 'टूटल' से अपना कॅरियर शुरू किया। वहाँ से छलाँग लगाकर उसने जॉनसन एंड जॉनसन के बंबई कार्यालय में ब्रांड मैनेजर के रूप में प्रवेश किया। यह कंपनी घरेलू इस्तेमाल में आनेवाली वैयक्तिक उपयोग के उत्पाद का निर्माण करती थी, इसने स्त्रियों के उपयोग में आनेवाले अपने नए उत्पाद 'स्टेफ्री' को अभी हाल में ही बाजार में उतारा था, जिसे भारत में अभी महिलाओं की स्वीकृति मिलनी शेष थी। इस उभरती लड़की के लिए यह एक चुनौतीपूर्ण कार्य था। इंदिरा को उस उत्पाद का बाजार से परिचय कराने और उसकी विशिष्ट पहचान बनाने की आवश्यकता थी। आगे चलकर एक साक्षात्कार में इंदिरा ने स्वीकार किया कि आप भारत में सैनिटरी (स्वच्छता संबंधी) सुरक्षा को विज्ञापित नहीं कर सकते थे, क्योंकि उस दौरान स्त्रियों की सोच अत्यंत संकुचित होती थी और दूसरा महत्त्वपूर्ण कारण यह था कि वे आर्थिक तौर पर भी स्वतंत्र नहीं थीं तथा अपनी निजी स्वच्छता सुरक्षा के मामलों में पुरुषों से बात नहीं करती थीं। इंदिरा ने इस ब्रांड को भारत में स्थापित करने के लिए जी-तोड़ मेहनत की, इसके बाद इंदिरा मेटर बर्डशेल लिमिटेड में चली गई।

इंदिरा आई.आई.एम.सी. में अपनी स्नातक की पढ़ाई पूरी करने के बाद काम करने के लिए चेन्नई लौट आई। उसने मैनचेस्टर (ब्रिटेन) स्थित एक ब्रिटिश टेक्सटाइल कंपनी 'टूटल' से अपना कॅरियर शुरू किया। वहाँ से छलाँग लगाकर उसने जॉनसन एंड जॉनसन के बंबई कार्यालय में ब्रांड मैनेजर के रूप में प्रवेश किया।

बेहतर संभावनाओं की तलाश में इंदिरा एक के बाद दूसरी नौकरी में छलाँग लगाती रही, लेकिन उसके रूढ़िवादी समुदाय में इस उछल-कूद को अच्छा नहीं माना जाता था, यहाँ तक कि प्रगतिशील विचारोंवाले उसके दादाजी भी इतनी जल्दी-जल्दी नौकरियाँ बदलने के समर्थक नहीं थे। पुरानी सोच के लोग इसी बात में बुद्धिमानी समझते थे कि आपको अपने प्रथम नियोक्ता के प्रति निष्ठावान एवं कृतज्ञ होना चाहिए, थोड़े से आर्थिक लाभ के लिए उसे छोड़ना नहीं चाहिए, परंतु यहाँ तो ऐसी लड़की थी, जो नौकरी-दर-नौकरी बदलती जा रही थी, जबकि रूढ़िवादी परिवार के लिए जीवन में पैसा ही सबकुछ नहीं था।

बेहतर संभावनाओं की तलाश में इंदिरा एक के बाद दूसरी नौकरी में छलाँग लगाती रही, लेकिन उसके रूढ़िवादी समुदाय में इस उछल-कूद को अच्छा नहीं माना जाता था, यहाँ तक कि प्रगतिशील विचारोंवाले उसके दादाजी भी इतनी जल्दी-जल्दी नौकरियाँ बदलने के समर्थक नहीं थे।

दूसरी ओर इंदिरा सोचती थी कि उसका जीवन अभी शुरू ही हुआ है और यदि वह अपने लिए कोई जीवनोपयोगी व्यवसाय बनाना चाहती थी तो उसके लिए सीखना ही सर्वाधिक महत्त्वपूर्ण अवयव था। भिन्न-भिन्न वातावरण में काम करना और भिन्न स्थितियों में संवाद स्थापित करके समस्याओं का हल खोजना उसे अपना व्यक्तित्व निखारने में सहायक सिद्ध हुआ। उसे व्यावसायिक और वैयक्तिक तौर पर आगे बढ़ना था, इसलिए उसने अपने लिए एक प्रारूप तैयार कर लिया था। नौकरी में दो वर्ष गुजारने के बाद उसने तय किया कि अब उसके अगले स्तर पर जाने का समय आ गया था।

इंदिरा किसी राज्य अथवा देश के लिए नहीं, बल्कि दुनिया के लिए बनी थी तो फिर इस छोटे से शहर में भला वह अधिक समय तक कैसे टिकी रह सकती थी! वह वर्तमान परिस्थितियों में ठहर जाना नहीं चाहती थी; अतः उसे सुरक्षित चारदीवारी से बाहर निकलने की आवश्यकता थी। वह सोचती

थी कि यदि उसे अपने सपनों को साकार करना है तो उसे अमेरिका जाना चाहिए। वह अकसर ऐसे अवसर का स्वप्न देखा करती थी, जो उसे वहीं प्राप्त हो सकता था। उसने विवरणों पर दृष्टि डालते हुए पाया कि अमेरिका ही वह स्थान है, जहाँ उसकी मनपसंद गतिविधियाँ हो रही थीं। निष्कर्षत: उसने सोचा कि यदि उसे जीवन के शिखरतम सोपानों पर पहुँचना है तो उसे वहीं (अमेरिका में) होना चाहिए। उसके मन में यह बात घर कर गई थी कि वह अमेरिका में ही बसना पसंद करेगी। एक बार उसने कहा भी था, "मेरे मन में हमेशा यू.एस. में बसने की ललक, इच्छा और नशा था।" दुनिया में उसके सपनों का देश उसे जो कुछ दे सकता था, उसकी समस्त उर्वरा पर विचार करने और एक विज्ञापन देखने के बाद उसने याले विश्वविद्यालय में प्रवेश हेतु आवेदन करने का निर्णय किया, उसकी छठी इंद्रिय ने उससे कहा कि उसे वहीं होना चाहिए।

इस संबंध में कोई दूसरा विचार नहीं था, उसने अविलंब डाकघर जाकर क्लर्क से याले विश्वविद्यालय हेतु अपना लिफाफा स्वीकार करने का आग्रह किया। उस दौर में अंकीय (डिजिटल) व्यवस्था नहीं थी; सबकुछ मैनुअल, अर्थात् कागजी काररवाई पर निर्भर था; उत्तर प्राप्त होने में हफ्तों, महीनों का समय लग जाता था।

इस संबंध में कोई दूसरा विचार नहीं था, उसने अविलंब डाकघर जाकर क्लर्क से याले विश्वविद्यालय हेतु अपना लिफाफा स्वीकार करने का आग्रह किया। उस दौर में अंकीय (डिजिटल) व्यवस्था नहीं थी; सबकुछ मैनुअल, अर्थात् कागजी काररवाई पर निर्भर था; उत्तर प्राप्त होने में हफ्तों, महीनों का समय लग जाता था। अकसर उसे इस बात का संदेह होता था कि उसे कोई उत्तर मिलेगा भी या नहीं; अंततोगत्वा उसे जिस चीज की प्रतीक्षा थी, वह उसे मिल गई। उत्तर मिलने पर उसे अभूतपूर्व हर्ष का अनुभव हुआ। यह वर्ष 1978 की बात है, जब उसे वहाँ प्रवेश मिला; शेष इतिहास है, पहले उसे भी

कुछ संशय था; यह और बात थी कि उसके माता-पिता तथा पितामह ने उसे देश के अंदर किसी दूसरे शहर में जाने की अनुमति प्रदान कर दी थी, परंतु बेटी को किसी अन्य देश में अकेले भेजना उनके लिए बिल्कुल दूसरी बात थी; विशेषतया उसके माता-पिता के लिए, जो अकसर उसे स्मरण कराते थे कि जीवन में खुशियाँ लाने के लिए विवाह करना कितना आवश्यक है।

इंदिरा स्मरण करते हुए बताती है कि उसे इस बात का कोई ज्ञान नहीं है कि उसके माता-पिता ने उसे बाहर जाने की अनुमति कैसे दी! उसे इस बात का विश्वास है कि उसके अभिभावकों ने इस मामले में अन्य लोगों की राय अवश्य ली होगी! वह कल्पना कर सकती है कि रूढ़िवादियों ने अवश्य उसके विरुद्ध राय दी होगी और प्रगतिशील लोगों ने अवश्य ही उनसे कहा होगा कि लड़की को वहाँ जाकर अपना सपना पूरा करने दो! किसी लड़की को विदेश भेजने के विरुद्ध दो बड़े तर्क भोजन और विवाह के बारे में दिए गए होंगे, पारंपरिक रूढ़िवादी ब्राह्मण परिवार से ताल्लुक रखनेवाली लड़की बाहर जाकर जीवित नहीं रह सकती, क्योंकि शाकाहारी भोजन की चाह अत्यंत सीमित थी, ऐसे रूढ़िवादी परिवार की लड़की के विदेश जाने के बाद उसे दक्षिण भारतीय पारंपरिक खाद्य पदार्थ मिलना कठिन था, जो लोग कभी विदेश नहीं गए थे, उनकी ओर से अत्यंत हास्यास्पद तर्क दिया गया। अन्य देशों में कोई आचार संहिता (नीति) नहीं है; जवान लड़कियाँ आसानी से बलात्कारियों का शिकार हो जाती हैं; युवा लोग विदेश जाने के बाद नशेड़ी बन जाते हैं और ऐसी अनेक ऊल-जलूल बातें सुनने को मिलीं। उसके पक्ष में जो बात काम कर गई, वह यह थी कि उसकी बड़ी बहन चंद्रिका आई.आई.एम.ए. की डिग्री लेकर पहले ही अपनी किस्मत आजमाने

इंदिरा स्मरण करते हुए बताती है कि उसे इस बात का कोई ज्ञान नहीं है कि उसके माता-पिता ने उसे बाहर जाने की अनुमति कैसे दी! उसे इस बात का विश्वास है कि उसके अभिभावकों ने इस मामले में अन्य लोगों की राय अवश्य ली होगी!

और सिटी बैंक की नौकरी करने भारत से बाहर बेरूत जा चुकी थी। एक प्रकार से वह खुद को सौभाग्यशाली मानती है कि उसे बाहर जाने की अनुमति मिल चुकी थी; वस्तुतः अमेरिका में रहनेवाले परिचितों से उसका ध्यान रखने के लिए कहा गया था। चंद्रिका के पहले ही विदेश में होने के कारण अभिभावकों ने इंदिरा को रोकने के बारे में खुद को असमर्थ पाया होगा; यदि वे उसे रोकने का प्रयास करते तो उसके साथ घोर अन्याय होता, उसकी माँ शांता ने केवल इतना ही कहा कि वह विदेश में जाने के बाद नए हालात में अपनी परंपराओं और सांस्कारिक मूल्यों का पालन अवश्य करे, क्योंकि सभी स्थितियों में मूल्य स्थिर नहीं रह पाते हैं।

इंदिरा के विदेश को प्रस्थान से पूर्व वाला सप्ताह अत्यंत व्यस्त एवं भावुक था। दिन जहाँ सूचियाँ बनाने और बाजार जाने, खरीदारी करने और चीजों को एकत्र करने में गुजरता था, वहीं शाम का समय लोगों से मिलने-जुलने में बीतता, जहाँ परिवार के सदस्य एक साथ बैठकर विविध विषयों पर चर्चा करते, विस्तृत सूचियों पर विवरण सहित चर्चा हो चुकी थी। कपड़े, भोजन, अचार, कागज इत्यादि पैक किए जा चुके थे, उसके लिए कौन से कपड़े आरामदेह रहेंगे, उसके पास साड़ियों से भरी एक पूरी आलमारी थी, परंतु ठंडे मौसम के लिए वे उपयुक्त नहीं थे।

इंदिरा के विदेश को प्रस्थान से पूर्व वाला सप्ताह अत्यंत व्यस्त एवं भावुक था। दिन जहाँ सूचियाँ बनाने और बाजार जाने, खरीदारी करने और चीजों को एकत्र करने में गुजरता था, वहीं शाम का समय लोगों से मिलने-जुलने में बीतता, जहाँ परिवार के सदस्य एक साथ बैठकर विविध विषयों पर चर्चा करते, विस्तृत सूचियों पर विवरण सहित चर्चा हो चुकी थी।

चेन्नई में ऊनी कपड़ों की थोड़ी समस्या थी, क्योंकि वहाँ का मौसम समशीतोष्ण एवं सुखद होता है और सर्दी का मौसम कभी आता ही नहीं था।

उसने अपने ऊनी कपड़े कलकत्ता (अब कोलकाता) से ले लिये, परंतु वहाँ भी कुछ खास सर्दी नहीं होती थी, इसलिए वहाँ से पर्याप्त ऊनी कपड़े खरीद पाना कठिन था, अंतत: यही निर्णय हुआ कि जितने गरम कपड़े कलकत्ता से मिल सकते हैं, वे खरीद लिये जाएँगे, यदि और कपड़ों की जरूरत हुई तो वे कनेक्टीकट पहुँचने पर ले लिये जाएँगे।

उसके माता-पिता चाहते थे कि उसकी जरूरत की छोटी-से-छोटी चीज यहीं खरीद ली जाए, ताकि विदेशी धरती पर उसे कोई कठिनाई न हो। एक पड़ोसी ने बड़ा अच्छा सुझाव दिया कि उसके पहनने के लिए गरम अंदरूनी कपड़े ले लिए जाएँ, ताकि अमेरिका में उनसे मदद मिले। इस बात की संभावना बहुत कम थी कि इंदिरा को विदेश में खाने की पांपरिक वस्तुएँ मिलें, इसलिए उसे विदेश में अनुपलब्ध वस्तुएँ देने की भरपूर कोशिश की गई। घर के लोग उसे अचार का डिब्बा देना चाहते थे, परंतु उससे कपड़े खराब हो जाने की आशंका थी, आखिरकार इंदिरा ने मन में ठान लिया कि वहाँ उसे जो कुछ मिलेगा, वह उसी से अपना काम चला लेगी और स्वयं को नई परिस्थितियों के अनुसार ढाल लेगी। उसने इस मुहावरे का अनुसरण किया कि 'यदि तुम रोम में हो रोमनों जैसा व्यवहार करो।'

उसके माता-पिता चाहते थे कि उसकी जरूरत की छोटी-से-छोटी चीज यहीं खरीद ली जाए, ताकि विदेशी धरती पर उसे कोई कठिनाई न हो। एक पड़ोसी ने बड़ा अच्छा सुझाव दिया कि उसके पहनने के लिए गरम अंदरूनी कपड़े ले लिए जाएँ, ताकि अमेरिका में उनसे मदद मिले।

अपनी यात्रा की तैयारी के अंतिम चरण में उसने ढेर सारे मंदिरों की यात्रा की, जहाँ माँ शांता ने 'प्रसाद' लिया और उसकी सुरक्षा तथा परिवार की खुशहाली के लिए प्रार्थना की। यद्यपि ये यात्राएँ विशेष रूप से इंदिरा के कल्याणार्थ की गई थीं, फिर भी उसकी माँ शांता इस दौरान अपनी बड़ी बेटी चंद्रिका को भी याद करती रही।

इंदिरा को अलविदा कहने के लिए परिवार के लोग शीघ्र ही बॉम्बे हवाई अड्डे पहुँच गए। हवाई जहाज ने जैसे ही उड़ान भरी, उसके विचारों में मिश्रित प्रतिक्रिया होने लगी। एक मिनट के लिए वह सोचती कि उसके माता-पिता और दादाजी उसे कितना प्यार करते थे, वे उसका कितना खयाल रखते थे और दूसरे मिनट वह अमेरिका में अपनी भावी संभावनाओं के बारे में सोचने लग जाती थी।

जैसा कि हम आपको पहले ही बता चुके हैं, इंदिरा भाग्य में विश्वास करती थी; भाग्य ने उसे उस स्थान पर पहुँचा दिया था, जहाँ वह अपने सपनों को साकार कर सकती थी। एक बार उसने प्रसूति रोग विशेषज्ञ (गायनेकोलॉजिस्ट) बनने के बारे में सोचा था, लेकिन उसके भाग्य को वह मंजूर नहीं था, परंतु अब वह ऐसी स्थिति में थी, जहाँ वह लाखों लोगों के मन में उम्मीद की किरण जगा सकती थी।

जैसा कि हम आपको पहले ही बता चुके हैं, इंदिरा भाग्य में विश्वास करती थी; भाग्य ने उसे उस स्थान पर पहुँचा दिया था, जहाँ वह अपने सपनों को साकार कर सकती थी। एक बार उसने प्रसूति रोग विशेषज्ञ (गायनेकोलॉजिस्ट) बनने के बारे में सोचा था, लेकिन उसके भाग्य को वह मंजूर नहीं था, परंतु अब वह ऐसी स्थिति में थी, जहाँ वह लाखों लोगों के मन में उम्मीद की किरण जगा सकती थी।

उसके मन में अगला विचार यह आया कि वह अपने पीछे घर में किसकी कमी महसूस करने जा रही है। उसके विचार सबसे पहले उसे अपने माता-पिता और दादाजी, चचेरे बहन-भाई, रिश्तेदारों और शिक्षकों की ओर ले गए, तत्पश्चात् उसका मन उन स्थानों की ओर मुड़ गया, जिनकी कमी वह सर्वाधिक महसूस करनेवाली थी। सर्वप्रथम उसने कल्पना की कि वह 'वाणी महल' में एक सजीव कार्यक्रम में थी और अनुमान लगाने का प्रयास कर रही थी कि कौन सा राग शुरू होने जा रहा है, उसके बाद उसके विचार उसे मरीना

बीच ले गए, जिसकी यात्रा उसने अपने माता-पिता के साथ कई अवसरों पर की थी। उसके विचार अनेक अन्य स्थानों पर भी भटके। यह सब सोचते-सोचते उसे पता ही नहीं चला कि कब निद्रा रानी ने उसे अपनी गोद में लेकर सुला लिया, जबकि उसका विमान अनेक महासागरों के ऊपर से ऐसे उड़ता चला जा रहा था, मानो वह लड़की को ऐसे स्थान पर सुरक्षित पहुँचाने के मिशन पर हो, जहाँ वह अपने सपनों को साकार करते हुए खुद को दुनिया के लिए एक निधि हासिल कर सके।

□

समुद्र तट से आगे

विमान परिचारिका (एअर हॉस्टेस) की इस घोषणा पर कि विमान धरती को छूनेवाला है, इंदिरा जागी और हाथ-मुँह धोकर अनजाने स्थान पर उतरने के लिए तैयार हो गई। एक ओर जहाँ अनेक लोगों ने सोचा होगा कि वे अपनी मंजिल पर पहुँचने वाले हैं, इंदिरा अपनी ममतामयी माँ के बारे में सोच रही थी, उसने अपनी बेटियों की रक्षा हेतु परिवारजनों का प्रत्येक हमला स्वयं झेल लिया। इंदिरा ने बुदबुदाते हुए अपना माँ को प्यारा सा 'धन्यवाद अम्मा' कहा, इसके बाद उसने चकित होकर कहा, इस समय वह अवश्य यही सोच रही होगी कि वह अपनी दो बेटियों का विवाह कैसे करेगी! इसी उधेड़-बुन में जब उसने खिड़की से बाहर की ओर देखा तो मन-ही-मन मुसकरा उठी।

एक ओर जहाँ हजारों मील दूर विमान उतरने की तैयारी कर रहा था, वहीं दूसरी ओर शांता टेलीफोन से कान लगाए बैठी थी, वह अपनी नन्ही प्यारी बेटी के सुरक्षित पहुँचने की सूचना पाने के लिए व्याकुल होकर प्रतीक्षा कर रही थी। वह भले ही बड़ी हो गई थी, फिर भी माता-पिता, विशेषतया माँ की दृष्टि में तो बच्चा हमेशा बच्चा ही रहता है।

यात्रा सुखद एवं आरामदायक थी, लेकिन इंदिरा विमान परिचारिकाओं द्वारा परोसे जानेवाले भोजन को लेकर सतर्क थी, जब भी उसे खाना दिया जाता, वह व्यग्रतापूर्वक पूछती कि इसमें कोई मांसाहारी तो नहीं है? हलके झटके के साथ विमान धरती पर उतर गया; किसी विमान में यही वह पल होता है, जो उसे अच्छा नहीं लगता था। वह तेजी से ऊँचाइयाँ छूना चाहती थी और

नीचे नहीं जाना चाहती थी, यह वही पल था, जिसके लिए उसने अपने माता-पिता से अमेरिका जाकर पढ़ने की अनुमति माँगी थी और कितनी आसानी से उसने अनुमति प्राप्त कर ली थी। इंदिरा प्यारी यादों में खोकर कहती है, "मैंने अपने माता-पिता से अमेरिका में पढ़ाई की अनुमति माँगी। उन्हें पूरा यकीन था कि मुझे प्रवेश नहीं मिलेगा अथवा यह कि मुझे छात्रवृत्ति नहीं मिलेगी, इसीलिए उन्होंने मुझे प्रयास करने हेतु प्रोत्साहित किया।"

इंदिरा कहती हैं कि उनकी माँ की सबसे बड़ी चिंता बेटी की शादी की थी; रूढ़िवादी महिला होने के नाते वे चाहती थीं कि उसकी बेटियों की शादी हो जाए और आगे चलकर समस्या अधिक बढ़ गई, क्योंकि उनके घर बड़ी संख्या में विवाह के प्रस्ताव आने लगे, जिनमें से कई प्रस्ताव तो सचमुच बहुत अच्छे थे।

इंदिरा कहती हैं कि उनकी माँ की सबसे बड़ी चिंता बेटी की शादी की थी; रूढ़िवादी महिला होने के नाते वे चाहती थीं कि उसकी बेटियों की शादी हो जाए और आगे चलकर समस्या अधिक बढ़ गई, क्योंकि उनके घर बड़ी संख्या में विवाह के प्रस्ताव आने लगे, जिनमें से कई प्रस्ताव तो सचमुच बहुत अच्छे थे। किसी लड़की के घरवालों के लिए ऐसे प्रस्तावों को ठुकराना भी असामान्य था। जब इंदिरा से पूछा गया कि उन प्रस्तावों के कारण क्या कभी उसने कोई दबाव महसूस किया तो उसने साफ कहा, 'नहीं।' अपने चेहरे पर मासूम सी मुसकान लाते हुए उसने कहा कि एक पारंपरिक परिवार में पली लड़की का विवाह उससे छोटी लड़कियों से पूर्व होना चाहिए, इसलिए मुझसे अधिक दबाव चंद्रिका पर होना चाहिए था, "मेरे लिए खुशी की बात यह थी कि उसने शादी करने से साफ इनकार कर दिया था और मेरी शादी उसकी शादी से पहले नहीं हो सकती थी, इसलिए मुझे आगे बढ़ने और सपने देखने का लाइसेंस मिल गया था।"

सीढ़ियों से नीचे उतरने के बाद एक पल के लिए ठिठककर उसने अपने

चारों ओर देखा और उन सभी नकारात्मक एवं सकारात्मक जानकारियों पर विचार किया, जो उसे उसके घर पर एकत्र हुए विभिन्न लोगों द्वारा दी गई थीं। यद्यपि चंद्रिका, जो पहले ही विदेश में रह रही थी, द्वारा विदेशी लोगों और भोजन के विषय में दी गई जानकारियों को वह नजरअंदाज नहीं कर सकी, फिर भी उसकी मनोदशा अभी ठीक नहीं थी; वह चीजों को खुद अपनी आँखों से देखना चाहती थी, क्योंकि दो अलग-अलग व्यक्ति समान स्थिति की व्याख्या अलग-अलग तरीके से कर सकते हैं।

निपटान (क्लीयरेंस) काउंटर की ओर बढ़ते समय इंदिरा हमेशा की तरह खुद को पहले की तरह आत्मविश्वासी नहीं पा रही थी, वह सावधानी से अपने कागजात, अपना पासपोर्ट, प्रवेश-पत्र और प्रपत्र लेकर पंक्ति में खड़ी हो गई; यद्यपि हवाई अड्डे के कर्मचारियों का व्यवहार सहयोगपूर्ण था, फिर भी उन लोगों के देखने के तरीके से उसे थोड़ी असुविधा अवश्य हुई। इस प्रक्रिया में अधिक समय नहीं लगा और वहाँ से बाहर निकलते ही वह अंततः अपने सपनों की दुनिया में पहुँच गई। अमेरिका वह स्थान है, जहाँ उसे अपना जीवन बिताना था, यद्यपि उस समय यह तथ्य उसे ज्ञात नहीं था, विश्वविद्यालय पहुँचना उसकी पहली प्राथमिकता थी, इसलिए वह बस टर्मिनल की ओर बढ़ गई, वह मिश्रित भावनाओं की गठरी बनी हुई थी। एक पल के लिए वह खुद को असुरक्षित, अनिश्चित महसूस करती और दूसरे ही पल रोमांचित हो उठती थी, शीघ्र ही उसका परिचय एक नई दुनिया से होने जा रहा था; लेकिन

निपटान (क्लीयरेंस) काउंटर की ओर बढ़ते समय इंदिरा हमेशा की तरह खुद को पहले की तरह आत्मविश्वासी नहीं पा रही थी, वह सावधानी से अपने कागजात, अपना पासपोर्ट, प्रवेश-पत्र और प्रपत्र लेकर पंक्ति में खड़ी हो गई; यद्यपि हवाई अड्डे के कर्मचारियों का व्यवहार सहयोगपूर्ण था, फिर भी उन लोगों के देखने के तरीके से उसे थोड़ी असुविधा अवश्य हुई।

यह बात तो पक्की थी कि अमेरिका की हवा कलकत्ता या बंबई की हवा से भिन्न एवं सुखद थी।

जैसे ही बस न्यू हैवन पहुँची, उसने खिड़की से बाहर देखना शुरू कर दिया, वह चीजों को अच्छी तरह देख-समझ लेना चाहती थी, चाहे वाहन अथवा सड़क हो या खेत। चीजों की प्रचुरता देखकर वह स्तब्ध थी, लोग काम में व्यस्त थे, परंतु वहाँ कोई भीड़ नहीं थी, हर काम सुनियोजित ढंग से सावधानीपूर्वक हो रहा था।

प्रसिद्ध विश्वविद्यालय के परिसर में अपना कमरा पाने में उसे थोड़ा समय तो लगा, परंतु कोई खास तकलीफ नहीं हुई। अपना सामान रखकर वह एकल बिस्तर पर लेट गई। जीवन का नया चरण प्रारंभ होने को था, वह ठीक-ठाक पहुँच गई थी और अपना कमरा व्यवस्थित कर रही थी। अपने घरवालों को यह जानकारी देने हेतु फोन करने से पूर्व अपनी भावनाओं को संयत कर लेना चाहती थी, अपना कमरा खोजने के लिए उसे किसी से सहायता लेने की आवश्यकता पड़ी और उसने पाया कि वहाँ के लोग अत्यंत सहयोगी एवं हमदर्द हैं। परिसर अत्यंत विशाल होने के बावजूद हरेक चीज सुव्यवस्थित थी, क्योंकि विद्यार्थियों की समूची संख्या को बारह कॉलेजों में विभक्त कर दिया गया था और प्रत्येक कॉलेज में स्वतंत्र सुविधाओं के साथ लगभग 400+ विद्यार्थी थे। वह दुनिया का प्रमुख शोध विश्वविद्यालय था, जिसका श्रेय उसकी प्रणाली और सुविधाओं को दिया जाना चाहिए।

प्रसिद्ध विश्वविद्यालय के परिसर में अपना कमरा पाने में उसे थोड़ा समय तो लगा, परंतु कोई खास तकलीफ नहीं हुई। अपना सामान रखकर वह एकल बिस्तर पर लेट गई। जीवन का नया चरण प्रारंभ होने को था, वह ठीक-ठाक पहुँच गई थी और अपना कमरा व्यवस्थित कर रही थी।

सर्दी का मौसम अभी कुछ महीने दूर था, फिर भी इंदिरा को वहाँ का वातावरण शीतल लगा। इससे पूर्व आई.आई.एम.सी. में अध्ययन हेतु जाने से

पहले उसने अपने जीवन में भारत में अनेक सांस्कृतिक व्यवस्थाएँ देखी थीं, परंतु वहाँ का सांस्कृतिक परिदृश्य पूर्णतया भिन्न था; उसके जीवन में शिक्षा का यह महत्त्वपूर्ण चरण था, उसे अपने आसपास के वातावरण को समझना और स्वयं को उसमें ढालना था, क्योंकि इसी आधार पर वह अपने निवास को सरल एवं सुगम सुनिश्चित करते हुए तथा अपनी उन्नति की संभावनाओं को सुदृढ़ करके अंततः जीवन में सफल हो सकती थी।

उसके विचारों की शृंखला एक बार पुनः अपने घर की ओर मुड़ गई। उसने अनुमान लगाया कि उसकी माँ इस समय क्या सोच रही होगी, उसने याद किया कि उसकी माँ किस तरह चंद्रिका के फोन की प्रतीक्षा करती थी और उसके लिए यह काम अब दोगुना हो गया है, क्योंकि अब उसकी दो बेटियाँ उससे दूर विदेश में हैं। इंदिरा यह सोचकर धीरे से मुसकरा उठी कि उसकी माँ इस समय भ्रमित होगी कि दोनों बेटियों में किसके बारे में पहले सोचे! माँ शांता धार्मिक गतिविधियों में लंबा समय बिताती थी और इंदिरा ने सोचा कि अब पूजा-पाठ में वह अवश्य हो दुगुना समय लगाती होगी।

उसके विचारों की शृंखला एक बार पुनः अपने घर की ओर मुड़ गई। उसने अनुमान लगाया कि उसकी माँ इस समय क्या सोच रही होगी, उसने याद किया कि उसकी माँ किस तरह चंद्रिका के फोन की प्रतीक्षा करती थी और उसके लिए यह काम अब दोगुना हो गया है, क्योंकि अब उसकी दो बेटियाँ उससे दूर विदेश में हैं।

प्रगति-पथ पर बढ़ने को प्रतिबद्ध इंदिरा बिस्तर से उठी, चीजों को करीने से व्यवस्थित किया और नहा-धोकर अपनी पढ़ाई शुरू करने से पूर्व आवश्यक लिखा-पढ़ी हेतु विश्वविद्यालय के कार्यालय की ओर चल पड़ी। अपने कमरे पर लौटते समय वह पुस्तकालय भी गई। एक समृद्ध पुस्तकालय देखकर वह अचंभित थी, क्योंकि पल भर के लिए उसने सोचा कि उसके अपने देश में शायद उस जैसा कोई पुस्तकालय नहीं था। उसने नए वातावरण में खुद

को ढालने के दृष्टिकोण और उससे परिचित होने हेतु मेस (भोजनालय) में झाँककर देखा। वह रास्ते में मिलनेवाले प्रत्येक व्यक्ति को देखकर मुसकराती और यह देखकर प्रसन्न होती कि उसकी मुसकान के प्रत्युत्तर में उसे मुसकान ही मिलती थी। अब वह इस बात को सोचकर अधिक आश्वस्त महसूस कर रही थी कि विश्वविद्यालय में उसका निवास अब और अधिक लाभप्रद, सार्थक और समृद्ध होने जा रहा है और अध्यापक उसके जीवन की महान् पूँजी बनने जा रहे हैं। परिसर उसे ऐसे व्यक्तित्व के रूप में ढालने जा रहा था, वह दुनिया में एक प्रतिष्ठित स्थान प्राप्त करने जा रही थी।

> ***उन दिनों भारत में अपने परिवार से संपर्क करना आज की तरह आसान नहीं था। आज आपके पास दुनिया के किसी भी कोने में रहनेवाले व्यक्ति से संपर्क करने के अनेक माध्यम हैं; परंतु जब इंदिरा ने याले एस.ओ.एम. (स्कूल ऑफ मैंनेजमेंट) में प्रवेश लिया था, उस समय की बात दूसरी थी।***

उन दिनों भारत में अपने परिवार से संपर्क करना आज की तरह आसान नहीं था। आज आपके पास दुनिया के किसी भी कोने में रहनेवाले व्यक्ति से संपर्क करने के अनेक माध्यम हैं; परंतु जब इंदिरा ने याले एस.ओ.एम. (स्कूल ऑफ मैंनेजमेंट) में प्रवेश लिया था, उस समय की बात दूसरी थी। अपने घरवालों से भारत में बात करना काफी महँगा था, इ-मेल जैसी सुविधा उस जमाने में नहीं थी, पत्रों को पहुँचने में हफ्तों का समय लग जाता था। छात्रवृत्ति के बावजूद इंदिरा उस पर निर्भर नहीं रह सकती थी और फोन करना काफी महँगा था, जिसे वह शायद वहन नहीं कर सकती थी। वह जब भी अपने घरवालों को फोन करती, रिसीवर (फोन का चोगा) एक हाथ से दूसरे व्यक्ति के हाथ में केवल 'हैलो, कैसी हो तुम और', 'मैं ठीक हूँ' बोलने के लिए पहुँच जाता; आर्थिक तंगी के कारण घरवालों के साथ कभी विस्तार से बात करने का अवसर नहीं आया। उनकी अपनी आवाज में मात्र कुछ शब्द सुन पाना ही मेरे लिए आर्थिक रूप से संभव था। इतनी संक्षिप्त वार्त्ता में ही इतने अधिक पैसे

खर्च हो जाते थे कि उसे अपने साथ ले जाए गए कुछ ही कपड़ों में अपना काम चलाना पड़ता था। आनेवाली सर्दियाँ इस समस्या को और अधिक बढ़ा देनेवाली थीं।

याले इंदिरा के जीवन को हमेशा के लिए बदलने जा रहा था, लेकिन वहाँ भी उसके लिए समस्याओं की कोई कमी नहीं थी और उसकी सबसे बड़ी समस्या आर्थिक तंगी को लेकर थी। पैसे की कमी केवल अपने घरवालों को फोन करने तक ही सीमित नहीं थी, वह विश्वविद्यालय में उसके जीवन से जुड़े अनेक अन्य मामलों में भी अवक्रमित थी। सबसे बड़ी समस्या मनोवैज्ञानिक एवं सांस्कृतिक तारतम्य की थी। उसे इन दोनों समस्याओं से निपटना था, पहली समस्या का समाधान कठोर परिश्रम से और दूसरी समस्या को सोच-विचार तथा योजना के माध्यम से निपटाना था।

याले इंदिरा के जीवन को हमेशा के लिए बदलने जा रहा था, लेकिन वहाँ भी उसके लिए समस्याओं की कोई कमी नहीं थी और उसकी सबसे बड़ी समस्या आर्थिक तंगी को लेकर थी। पैसे की कमी केवल अपने घरवालों को फोन करने तक ही सीमित नहीं थी, वह विश्वविद्यालय में उसके जीवन से जुड़े अनेक अन्य मामलों में भी अवक्रमित थी।

विभिन्न सांस्कृतिक व्यवस्था वाले स्थानों और लोगों के लोकाचार एवं दर्शन भी भिन्न होते हैं; उनकी प्राथमिकताएँ, जीवन-शैली, वेशभूषा और बुद्धिमत्ता का स्तर भिन्न होता है; यही कारण है कि नए व्यक्ति को ऐसे वातावरण में स्वयं को ढालने में कठिनाई का सामना करना पड़ता है। इंदिरा के सामने बड़ा प्रश्न यह था कि क्या वह लोगों की मान्यताओं को अपने दृष्टिकोण के अनुसार अपनी प्रिय वस्तुओं, जैसे बेसबाल के ऊपर क्रिकेट अथवा पश्चिमी परिधान के ऊपर पारंपरिक भारतीय परिधानों अथवा त्योहार मनाने के तरीकों की ओर मोड़ने का प्रयास कर सकती है अथवा खुद को स्थानीय परिवेश का अंग बनाते हुए उसके अनुसार बदल सकती है ?

अपने साथी विद्यार्थियों, प्रोफेसरों और अन्य लोगों के साथ प्रारंभिक वार्त्तालापों में उसने पाया कि उसकी प्राथमिकताओं के अनुसार लोगों को बदल पाना उसके लिए कठिन काम है। जब वह किसी से क्रिकेट के विषय में बात करती तो वहाँ कुछ ऐसे भी लोग थे। जो सोचते थे कि वह गेंद और बल्ले के अलावा कुछ नहीं है और उनके लिए क्रिकेट की अपेक्षा बेसबॉल अधिक रोचक है। उसने अपने संसाधनों के आधार पर पाया कि क्रिकेट जैसे खेल के बारे में लोगों को सहमत कर पाना उसकी क्षमता से बाहर था, अतः उसने बेसबॉल और स्थानीय निवासियों के मन में घर बना चुके खेलों के प्रति स्वयं को अधिकाधिक प्रशिक्षित करने का निश्चय किया। तो यह था उसके व्यवहार का मामला, उसकी सोच स्थानीय लागों की सोच से भिन्न थी। उसने लोगों को देखने-समझने के बाद खुद को बदलना प्रारंभ कर दिया, इतना सारा परिवर्तन कुटिलता के बिना नहीं किया जा सकता था, परंतु वह खुद उस प्रकार का श्रम करने हेतु तैयार थी।

अपने साथी विद्यार्थियों, प्रोफेसरों और अन्य लोगों के साथ प्रारंभिक वार्त्तालापों में उसने पाया कि उसकी प्राथमिकताओं के अनुसार लोगों को बदल पाना उसके लिए कठिन काम है। जब वह किसी से क्रिकेट के विषय में बात करती तो वहाँ कुछ ऐसे भी लोग थे।

इंदिरा ने महसूस किया कि वह आर्थिक की बजाय सांस्कृतिक मुद्दों से आसानी से निपट सकती है। आर्थिक तंगी के कारण ही वह अपने घरवालों से खुलकर बात नहीं कर पाती थी, उसने महसूस किया कि अतिरिक्त आय का प्रावधान किए बिना वह आगे नहीं बढ़ सकती है और अपने माता-पिता से भी पैसे देने के लिए नहीं कह सकती है, आर्थिक तंगी वास्तविक थी और उसका असर कपड़ों तथा जीवन के अन्य पक्षों पर भी पड़ रहा था। उन दिनों को याद करते हुए इंदिरा कहती है, "जिस समय मैं इस देश में आई थी, मेरे पास कोई सुरक्षा कवच नहीं था, यदि मैं अनुत्तीर्ण होती तो हो ही जाती।"

जहाँ तक शिक्षा के आर्थिक प्रबंधन और शिक्षा से जुड़े अन्य पहलुओं की बात है, पश्चिमी समाज भारतीय समाज से बिल्कुल भिन्न है। भारतीय समाज में बच्चों की शिक्षा की सारी जिम्मेदारी उनकी शिक्षा पूरी होने तक माता-पिता (अभिभावक) उठाते हैं। इसके विपरीत पाश्चात्य समाज में अपनी आवश्यकताएँ पूरी करने के लिए विद्यार्थियों को अतिरिक्त समय में पैसा कमाना पड़ता है। इंदिरा ने अपने लिए इसी पश्चिमी अवधारणा का चयन किया। उसने याले में स्वागतबाला (रिसेप्शनिष्ट) के रूप में कार्य करना प्रारंभ कर दिया और अतिरिक्त डॉलर कमाने हेतु उसने कठिन कार्य-समय का चुनाव किया और उससे होनेवाली थकान के बारे में सोचा, जिसका असर उसकी शिक्षा पर अवश्य पड़नेवाला था, लेकिन उसने इस परीक्षा की घड़ी का सुंदर ढंग से प्रबंध कर लिया। उसने इस जानलेवा पाली का चयन मात्र इसलिए किया था, क्योंकि उस पाली में प्रति घंटा 50 सेंट अतिरिक्त मिलते थे। इंदिरा के मन में उन दिनों की बड़ी प्यारी स्मृति है, वह कहती है, "याले में पैसा कमाने के लिए उसने स्वागत-पटल पर मध्यरात्रि से प्रातः 5 बजे तक काम किया, जब आपके पास कोई सुरक्षा कवच न हो, जब आपके पास साक्षात्कार (इंटरव्यू) हेतु जाने के लिए अच्छे कपड़े खरीदने लायक पैसे न हों और सर्दी के दिनों में साड़ी पहनकर काम पर जा रही हों तो जिंदगी आपको अचानक जाग्रत् होने का अवसर देती है और आप यह सोचने पर विवश हो जाते हैं कि इस देश में सफल होने के लिए आपको अत्यधिक कठोर परिश्रम करने की आवश्यकता है।"

जहाँ तक शिक्षा के आर्थिक प्रबंधन और शिक्षा से जुड़े अन्य पहलुओं की बात है, पश्चिमी समाज भारतीय समाज से बिल्कुल भिन्न है। भारतीय समाज में बच्चों की शिक्षा की सारी जिम्मेदारी उनकी शिक्षा पूरी होने तक माता-पिता (अभिभावक) उठाते हैं।

आर्थिक कमी के अन्य निहितार्थ भी होते हैं, 'जब तक शिक्षा तब तक काम' (अर्न वाइल यू लर्न) की अपनी रणनीति के आधार पर वह अपने

तात्कालिक खर्चों का प्रबंध करने में तो सफल रही, परंतु इतने धन का प्रबंध नहीं कर सकी कि वह व्यापारिक बैठकों और साक्षात्कारों में जाने योग्य कपड़ों का प्रबंध कर पाती। यह भी उसके लिए सीखने योग्य अनुभव सिद्ध हुआ, एक बार उसे साक्षात्कार के लिए जाना था तो उसने पूरे 5 डॉलर ऐसे कपड़ों पर खर्च कर दिए, जिनकी सिलाई अच्छी नहीं थी, उसके जूते भी उसके कपड़ों से मेल नहीं खा रहे थे, जिसके कारण साक्षात्कार में भी उसका आत्मविश्वास काफी नीचे था। तब उसे अच्छे और आरामदेह कपड़े, चाहे वह साड़ी ही क्यों न हो, पहनने की सलाह दी गई। उसने कहा कि यदि वे तुम्हें साड़ी में स्वीकार नहीं करते तो यह उनकी हानि है, तुम्हारी कदापि नहीं। उसने अपनी बात इस सुझाव के साथ पूरी की कि आप अपनी वास्तविकता छिपाने का प्रयास न करें, सबको अपना असली रूप ही दिखाएँ।

जीवन के पाठ हमेशा कठिन रास्तों पर चलकर ही सीखे जाते हैं, जैसा कि भारत में आमतौर पर कहा जाता है, यदि आपने अपने बाल धूप में सफेद किए हैं तो आपका जीवन निरर्थक हो जाता है। आप जीवन में जितनी अधिक मुश्किलों का सामना करेंगे, आपको जीवन के विषय में उतना अधिक व्यापक दृष्टिकोण मिलेगा।

जीवन के पाठ हमेशा कठिन रास्तों पर चलकर ही सीखे जाते हैं, जैसा कि भारत में आमतौर पर कहा जाता है, यदि आपने अपने बाल धूप में सफेद किए हैं तो आपका जीवन निरर्थक हो जाता है। आप जीवन में जितनी अधिक मुश्किलों का सामना करेंगे, आपको जीवन के विषय में उतना अधिक व्यापक दृष्टिकोण मिलेगा। यह आपको अपने लिए उत्तम जीवन के निर्माण में सहायक होगा, क्योंकि आप अपने निजी अनुभव से सीख चुके होंगे कि जीवन में किसका चुनाव करना है और किसे ठुकराना है। इस संबंध में वह साफ-साफ कहती है, "चाहे बिजनेस स्कूल हो या आपकी युवावस्था हो, मुश्किल राहों पर चलकर ही आपको सफलता मिलेगी, आपको जीवन को

देखने का एक भिन्न दृष्टिकोण प्राप्त होगा और कठिन परिश्रम की शिकायत नहीं करेंगे। अलबत्ता यदि आप कठिन परिश्रम नहीं कर रहे हैं तो आपको सोचना पड़ेगा कि कुछ तो गलत अवश्य है।"

इंदिरा इन शब्दों के साथ जीवन में अपने दृष्टिकोण को उजागर करती है, "जब मैं अपने कार्यस्थल पर पहुँचती हूँ तो मेरे मन में संदर्भ का एक भिन्न प्रारूप होता है।"

> *ये कठिनाइयाँ और याले में दी जानेवाली शिक्षा, दोनों मिलकर इंदिरा के जीवन में चमत्कार कर रहे थे। वह कहती है कि उसके मन में पहले ही यह भावना आ गई थी कि किसी भी स्थिति में 'कभी पढ़ाई बंद नहीं करनी है।' ऐसा उन्मुक्त रवैया व्यक्ति को आजीवन विद्यार्थी बनाए रखता है। जितनी शिक्षा विद्यालय के अंदर प्रदान की जाती है, उतनी ही उसे शैक्षणिक परिसर के बाहर प्राप्त होती है।*

ये कठिनाइयाँ और याले में दी जानेवाली शिक्षा, दोनों मिलकर इंदिरा के जीवन में चमत्कार कर रहे थे। वह कहती है कि उसके मन में पहले ही यह भावना आ गई थी कि किसी भी स्थिति में 'कभी पढ़ाई बंद नहीं करनी है।' ऐसा उन्मुक्त रवैया व्यक्ति को आजीवन विद्यार्थी बनाए रखता है। जितनी शिक्षा विद्यालय के अंदर प्रदान की जाती है, उतनी ही उसे शैक्षणिक परिसर के बाहर प्राप्त होती है। यदि आपके मन में कुछ सीखने की ललक हो तो आपके लिए सारी दुनिया पड़ी है और उसके अंदर यह प्रवृत्ति बड़े पैमाने पर थी। उसका मानना है कि जब शैक्षणिक ज्ञान और परिवेशीय अनुभव परस्पर मिल जाते हैं तो व्यक्ति अपनी रक्षा करने में सक्षम (स्ट्रीट-स्मार्ट) बन जाता है और वह उसे बुलंद ऊँचाइयों पर ले जाता है। यह एक सीखने की प्रक्रिया है और इसे तात्कालिक चाहत के साथ बनाए रखते हुए मनुष्य गली में खड़े आम आदमी से भी कुछ-न-कुछ सीख सकता है। अंततोगत्वा किसी संस्थान अथवा विश्वविद्यालय से प्रमाण-पत्र प्राप्त करना एक बात है और उसे

पर्याप्त व्यावहारिक रूप देना बिल्कुल दूसरी बात; अच्छे अंक परिचय का अच्छा साधन हो सकते हैं, परंतु आपके जीवन में जो चीज स्थायी रहनेवाली है, वह है आपका वास्तविक कार्यप्रदर्शन; जिसे आपकी शैक्षणिक श्रेष्ठता के पीछे नहीं छिपाया जा सकता, इसलिए दोनों ही महत्त्वपूर्ण हैं।

जिस प्रकार की शिक्षा याले में दी जा रही थी, इंदिरा उससे संतुष्ट थी, वह किसी को अच्छा प्रबंधक बनाने हेतु लक्षित नहीं थी, अपितु उसका लक्ष्य व्यक्ति को संपूर्ण व्यक्तित्व प्रदान करना था। वह स्मरण करती है कि उसने विश्वविद्यालय में प्रचालित दो गतिविधियों से बहुत कुछ सीखा, जिनके नाम क्रमश: 'रेगिस्तानी उत्तरजीविता' (डेजर्ट सर्वाइवल) और 'बर्फानी' (उत्तर ध्रुवीय) उत्तरजीविता (आर्कटिक सर्वाइवल) थे, ये दोनों गतिविधियाँ प्रतिभागियों को अत्यंत सीमित संसाधनों में उत्कृष्ट परिणाम देना सिखाती थीं और ये दूसरों से सहयोग प्राप्त करने की माँग भी करती थीं।

इन गतिविधियों ने इंदिरा को टीम निर्माण एवं टीम के सदस्यों से उनका सर्वोत्तम हासिल करने का आधारिक सिद्धांत सिखाया। वह महसूस करती है कि जब आप दूसरे लोगों से सहयोग लेने की कला सीख जाते हैं तो समझना चाहिए कि आप आधी लड़ाई पहले ही जीत चुके हैं।

इन गतिविधियों ने इंदिरा को टीम निर्माण एवं टीम के सदस्यों से उनका सर्वोत्तम हासिल करने का आधारिक सिद्धांत सिखाया। वह महसूस करती है कि जब आप दूसरे लोगों से सहयोग लेने की कला सीख जाते हैं तो समझना चाहिए कि आप आधी लड़ाई पहले ही जीत चुके हैं। वह अकसर यह बात कहा करती है कि इन दोनों गतिविधियों से उसने कैसे वांछित परिणाम प्राप्त किए। 'पेप्सीको' में अपने सीमित कार्यकाल के दौरान उसने एक बार कहा था, "रोचक तथ्य यह है कि डेजर्ट सर्वाइवल और आर्कटिक सर्वाइवल के दोनों सिद्धांत मेरे साथ हर समय विद्यमान रहते थे, हम साथ बैठकर इस

विषय में चर्चा करते थे कि लोगों को अपने साथ कैसे लाया जाए, इस महान् कार्य को आप कैसे कर सकते हैं? आप उनके लिए कैसी छवि का निर्माण कर रहे हैं, जिससे उन्हें ज्ञात हो कि आप उन्हें जहाँ ले जाना चाह रहे हैं, उसकी अपेक्षा अधिक अच्छा है, जहाँ आज वे हैं?"

वर्तमान व्यवसाय-जगत् में टीमों का निर्माण एक जटिल कार्य है; यह अत्यंत पेचीदा कार्य भी है, इंदिरा कहती हैं, "यह सरल नहीं है, क्योंकि प्रत्येक व्यक्ति के भविष्य का चित्र अथवा जहाँ वे होना चाहते हैं, वह उससे भिन्न है, जैसा कि आपके अनुसार उसे होना चाहिए, पहला कदम (टीम निर्माण की दिशा में) प्रत्येक व्यक्ति के दृष्टिकोण को समझना और उसे स्वीकार करना है, उसके बाद ही आपको उनके लिए नए और बेहतर विकल्प के निर्माण का प्रयास करना चाहिए, ताकि आप उन्हें अपने साथ ले जा सकें।"

पहलकदमी महत्त्वपूर्ण है, परंतु कोई भी परियोजना टीम के साथ ही पूरी की जा सकती है और टीम के सदस्यों को भिन्न-भिन्न चीजों के बारे में सहमत किए जाने की आवश्यकता होती है। इस मामले, अर्थात् टीम के निर्माण में संवाद एक महत्त्वपूर्ण औजार बन जाता है। प्रभावी संवाद अन्य लोगों को लीडर के साथ जोड़ने और उसके विचारों को समझने में सहायक होता है। इस प्रकार एक मजबूत टीम बन जाती है, संवाद तो महत्त्वपूर्ण है ही, और कई बार अति-संवाद भी महत्त्वपूर्ण हो जाता है। जैसा कि इंदिरा कहती हैं, "मैं आपको बताना चाहती हूँ कि मैंने अंतिम दशा के बारे में अपने लोगों के साथ बहुत अधिक बातें कीं, अंतिम स्थिति के विषय में अत्यंत उत्साहजनक एवं निरंतर वार्त्ता कई बार भ्रामक हो जाती है, क्योंकि राय निर्माता लीडर

पहलकदमी महत्त्वपूर्ण है, परंतु कोई भी परियोजना टीम के साथ ही पूरी की जा सकती है और टीम के सदस्यों को भिन्न-भिन्न चीजों के बारे में सहमत किए जाने की आवश्यकता होती है। इस मामले, अर्थात् टीम के निर्माण में संवाद एक महत्त्वपूर्ण औजार बन जाता है।

बोर्ड की बैठक में आपके साथ बैठे होते हैं, वे लोग आपकी बातों को अन्य लोगों तक पहुँचा देते हैं और शीघ्र ही आपके अभियान की जड़ें मजबूत हो जाती हैं।"

वह अफसोस के साथ कहती हैं कि आप चाहे जितनी भी कोशिश क्यों न कर लें, कभी-कभी आपके लिए सब लोगों को अपने साथ लाना कठिन हो जाता है; क्योंकि ऐसे अनेक लोग होंगे, जो आपके दृष्टिकोण से सहमत नहीं होंगे, यही परिवर्तन की गंभीरता है।

इंदिरा अपनी बात जारी करते हुए कहती हैं कि कभी-कभी आपके कथन का तत्काल वांछित परिणाम नहीं मिलता, परंतु भविष्य में मिल सकता है। जो लोग मेरी इस बात से सहमत नहीं हैं, वे संभवतः ऐसा सोच सकते हैं कि आपकी बस छूट गई है और कुछ लोग वापस आकर आपसे पुनः जुड़ भी जाते हैं। वह संक्षेप में कहती हैं, "हमने अवश्य ही कुछ लोगों को खोया है और मैं कहना चाहती हूँ कि जो लोग हमें छोड़कर गए हैं, उनमें से अनेक लोग सोचते होंगे कि हमें छोड़ने की बजाय जुड़ा रहना चाहिए था, उनमें से अनेक लोग कंपनी में वापस आ गए हैं।" कुछ लोगों के आपसे असहमत होने के बावजूद काम को छोड़ देना कोई अच्छा विचार नहीं है, वह कहती है, "यदि वे आपको छोड़कर जाना चाहते हैं तो अवश्य जाएँगे। मैं सोचती हूँ कि हमारे सामने एक चुनौती यह है कि जिन लोगों को हमने कार्यक्रम से जोड़ने का भरसक प्रयास किया, उनके साथ एक बार फिर बात करने में कोई हर्ज नहीं है।" एक बार एक साक्षात्कार में जब उनसे पूछा गया कि क्या आपको संवाद करने में कभी

इंदिरा अपनी बात जारी करते हुए कहती हैं कि कभी-कभी आपके कथन का तत्काल वांछित परिणाम नहीं मिलता, परंतु भविष्य में मिल सकता है। जो लोग मेरी इस बात से सहमत नहीं हैं, वे संभवतः ऐसा सोच सकते हैं कि आपकी बस छूट गई है और कुछ लोग वापस आकर आपसे पुनः जुड़ भी जाते हैं।

कोई परेशानी हुई? वह स्वीकार करती है कि वह सांस्कृतिक रूप से ऐसे समाज से आती है, जिसमें लोगों के साथ प्रत्यक्ष संवाद होता है, यहाँ तक कि व्यापारिक व्यवस्था में भी सारे आदेश कनिष्ठ कर्मचारियों को दिए जाते हैं और यह जानने का प्रयास नहीं किया जाता कि वे उसके संबंध में सोचते क्या हैं। वह स्वीकार करती है—"कुछ लोग ऐसी संस्कृति से आते हैं, जहाँ संवाद को संभवतः कारोबार का सर्वाधिक महत्त्वपूर्ण पक्ष नहीं माना जाता था, कम-से-कम मेरे समय में तो ऐसा ही था।" याले में उसने सीखा कि उसे अपने दृष्टिकोण में सुधार लाना होगा, क्योंकि टीम का सहमत सदस्य भी बड़ा खजाना होता है और यह खजाना केवल प्रभावी संवाद के माध्यम से ही पाया जा सकता है।

याले के बिजनेस प्रोग्राम (व्यापारिक पाठ्यक्रम) ने जहाँ एक ओर इंदिरा में रणनीतिक सोच, नेतृत्व ऊर्जा, टीम भावना, संवाद, विश्लेषणात्मक एवं समस्या निदान कौशल के उत्तम गुण डाले, वहीं दूसरी ओर उसके मन में 'सदैव शिक्षण' की व्यक्तिगत योग्यताओं के साथ एक ऐसा व्यक्तित्व उत्पन्न किया, जिसके आज वह सर्वाधिक लोकप्रिय विद्यार्थियों में एक मानी जाती है। इतना ही नहीं, आज वह विश्वविद्यालय के न्यासी बोर्ड की सदस्य भी बन गई है। विश्वविद्यालय के प्रति अपनी विनयांजलि समर्पित करते हुए विश्वविद्यालय की एक यात्रा के दौरान उसने कहा था कि "विश्वविद्यालय ने उसे 'एक युवा, बुद्धिमान आव्रजक' से 'एक शिक्षित, परिपक्व युवा कार्यकारी' के रूप में ढाल दिया है।"

याले के बिजनेस प्रोग्राम (व्यापारिक पाठ्यक्रम) ने जहाँ एक ओर इंदिरा में रणनीतिक सोच, नेतृत्व ऊर्जा, टीम भावना, संवाद, विश्लेषणात्मक एवं समस्या निदान कौशल के उत्तम गुण डाले, वहीं दूसरी ओर उसके मन में 'सदैव शिक्षण' की व्यक्तिगत योग्यताओं के साथ एक ऐसा व्यक्तित्व उत्पन्न किया"

वर्ष 1980 में पास होने के बाद उसे दोहरी खुशी प्राप्त हुई; स्नातकीय समारोह में उसने कहा कि उसके एक हाथ में विश्वविद्यालय का प्रमाण-पत्र और दूसरे हाथ में प्रतिष्ठित बी.सी.जी. (बोस्टन कंसल्टिंग ग्रुप) की आकर्षक नौकरी का प्रस्ताव है।

□

उत्तम मिश्रण

क्या किसी अच्छे कॉलेज या विश्वविद्यालय में शिक्षा ग्रहण करने का कोई विशेष अर्थ है ? हाँ, अवश्य है, जब हम भारत में बड़ी संख्या में स्थापित संस्थानों और उनमें शिक्षा ग्रहण करनेवाले लाखों विद्यार्थियों को देखते हैं और पाते हैं कि उन संस्थानों ने जितनी बड़ी संख्या में विद्यार्थी उपलब्ध कराए हैं, उनमें से अधिकतर 'रोजगार योग्य नहीं' हैं तो इसका केवल एक ही अर्थ हो सकता है कि उनके अंदर कोई गंभीर खामी है।

अपनी जेब में डिग्री और बी.सी.जी. (बोस्टन कंसल्टिंग ग्रुप) की आकर्षक नौकरी का प्रस्ताव लिये इंदिरा अमेरिका में अपना व्यावसायिक जीवन शुरू करने के लिए तैयार थी। वर्ष 1963 में अपनी स्थापना के बाद बी.सी.जी. व्यापारिक रणनीति के पुरोधा के रूप में उभरा और ब्रूस हेंडरसन के प्रभावशाली नेतृत्व में अपने क्षितिज विस्तार के पथ पर चल पड़ा; ध्यातव्य है कि ब्रूस हेंडरसन किसी समय बाइबल बेचा करते थे, परंतु उन्होंने अपना और समूह का ऐसा कायाकल्प किया कि वह अत्यंत फलते-फूलते सेवा परामर्शन अधिष्ठाता बन गए। प्रारंभ से ही नवोन्मेषन के प्रति उनके अंदर विचार और प्रतिभा थी और इसी कारण से उन्होंने प्रतिष्ठित बिजनेस स्कूलों की उदीयमान प्रतिभाओं को ऊँचे वेतन पर भरती करना प्रारंभ कर दिया, इससे उन्हें प्रबंधन एवं परामर्शन में व्यवहार करनेवाली एक स्वतंत्र व्यापार इकाई की स्थापना में सहायता मिली। वर्तमान में यह समूह अपने ग्राहकों की व्यापार एवं उद्योग जैसे विभिन्न क्षेत्रों मे उत्तम नीतियाँ बनाए रखते हुए

उन्नयन एवं लागत कटौती में सहायता कर रहा है। समूह के संस्थापक की एक उच्च विशेषता यह थी कि वह स्वयं एक लेखक भी था, जिसने अनेक पुस्तकें लिखी थीं, जिनमें से कुछ उत्तम विपणन सूची में शामिल हैं। उन्होंने नवोन्मेषी विचारों को प्रोत्साहित किया, जिससे उनकी टीम के सदस्यों को अपना सर्वोत्तम देने में सहायता मिली।

इतने बड़े समूह से प्राप्त नौकरी का प्रस्ताव इंदिरा कृष्णमूर्ति का सपना साकार होने जैसा था। उसने इस समूह के साथ सन् 1980 में कार्य करना प्रारंभ किया। इसी वर्ष उसने याले में अपनी स्नातकोत्तर शिक्षा पूर्ण की थी। इधर भारत में उसका परिवार चाहता था कि वह वापस लौट आए, क्योंकि उसके विवाह के लिए उपयुक्त समय आ गया था, लेकिन उसने अपना सारा ध्यान अपने कॅरियर निर्माण पर लगा दिया। उन दिनों उसके लिए भारत में व्यापार-हस्ती के रूप में चमकने का अवसर बहुत कम था, क्योंकि वहाँ लाइसेंस राज चल रहा था, जो कंपनियों को खुलकर काम करने में बाधक बन रहा था, यही कारण था कि उस समय भारतीय भूमि पर कुछ ही बहुराष्ट्रीय कंपनियाँ कार्य कर पा रही थीं। वह खुद को केवल उसी जमीन पर फलते-फूलते देखना चाहती थी, जिस पर काम करने का सपना दुनिया भर के लाखों प्रतिभाशाली लोग देख रहे थे, इसीलिए वह अपने हाथ आए अवसर को गँवाना नहीं चाहती थी।

इतने बड़े समूह से प्राप्त नौकरी का प्रस्ताव इंदिरा कृष्णमूर्ति का सपना साकार होने जैसा था। उसने इस समूह के साथ सन् 1980 में कार्य करना प्रारंभ किया। इसी वर्ष उसने याले में अपनी स्नातकोत्तर शिक्षा पूर्ण की थी। इधर भारत में उसका परिवार चाहता था कि वह वापस लौट आए, क्योंकि उसके विवाह के लिए उपयुक्त समय आ गया था, लेकिन उसने अपना सारा ध्यान अपने कॅरियर निर्माण पर लगा दिया।

बहरहाल, इंदिरा यह बात अच्छी तरह जानती थी कि लोगों की सोच के मुताबिक यह काम इतना सरल नहीं था। वह ऐसा दौर था, जिसमें एक ओर लोगों के मन खुल रहे थे और दूसरी ओर नस्लवाद भी जारी था। वह ऐसा युग भी था, जिसमें कामकाजी महिलाओं को अच्छी निगाह से नहीं देखा जाता था, इसके बावजूद उनमें से अनेक स्त्रियाँ विविध क्षेत्रों में प्रवेश कर रही थीं और अपना लोहा मनवा रही थीं। संयुक्त राज्य में कोई भी अमेरिकी यदि प्रतिभावान हो तो अपने लिए स्थान बना सकता था; किसी दूसरे देश के साँवली त्वचावाले व्यक्ति को 'बाहरी' माना जाता था और उसके लिए वहाँ नौकरी पाना और भी मुश्किल था तथा उसे खुद को साबित करने के लिए दुगुना काम करना पड़ता था। यदि आप औरतों की बात करें तो उनके लिए अमेरिका में नौकरी पाना पक्षपात के कारण तिगुना कठिन था, क्योंकि महिला सशक्तीकरण की नीतियाँ अभी दृढ़तापूर्वक लागू नहीं हो सकी थीं, यद्यपि अमेरिकी समाज उनके लिए प्रारंभ से ही अभिनंदनीय एवं प्रोत्साहनीय था। इन्हीं खूबियों के कारण उसे स्वप्निल जगत् की संज्ञा मिली, जहाँ आपको सफल होने के लिए प्रतिभा की आवश्यकता है। वास्तव में इंदिरा के अंदर प्रतिभा और परिश्रम की कोई कमी नहीं थी। इनके साथ उसे अतिरिक्त और कठोर परिश्रम एवं लोगों की निगाह में आने के लिए तीन गुना काम करना था, अवसर उसके हाथ आ चुका था और वह उसे व्यर्थ नहीं जाने देना चाहती थी।

> ***संयुक्त राज्य में कोई भी अमेरिकी यदि प्रतिभावान हो तो अपने लिए स्थान बना सकता था; किसी दूसरे देश के साँवली त्वचावाले व्यक्ति को 'बाहरी' माना जाता था और उसके लिए वहाँ नौकरी पाना और भी मुश्किल था तथा उसे खुद को साबित करने के लिए दुगुना काम करना पड़ता था।***

एक साक्षात्कार में इंदिरा ने साँवली त्वचावाली महिलाओं की सीमाओं को स्वीकार किया और अमेरिका की व्यापक प्रशंसा करते हुए कहा कि यही

वह धरती है, जहाँ मेधावी व्यक्ति शिखर पर चमक सकता है, उसके शब्दों में, "मैं आपको ऐसी बात बताने जा रही हूँ, जिसे आपमें से कुछ स्त्रियाँ सुनना पसंद नहीं करेंगी, परंतु उसे यथावत् स्वीकार करेंगी, वास्तविकता यह है कि यदि आप औरत, विशेषतया साँवली त्वचावाली औरत हैं तो आपके विरुद्ध दो हमले होंगे, आप्रवासी, रंगीन त्वचावाला व्यक्ति और महिला—ये तीनों आपके विरुद्ध जाएँगे, यदि आप किसी कंपनी के शीर्ष पर पहुँचना चाहती हैं तो यह केवल संयुक्त राज्य में ही संभव है, परंतु आपको यह कहना बंद करना पड़ेगा कि आप अपने समकक्षों से दुगुना कठिन श्रम करने को तैयार हैं। यदि आप किसी धर्मयुद्ध में शामिल होने का निर्णय करती हैं और समानता तथा प्रोन्नति का तर्क देती हैं तो आप उस धर्मयुद्ध में हमेशा के लिए बनी रह सकती हैं।" एक अन्य भेंटवार्त्ता में वह कहती हैं, "स्त्री होना और वह भी विदेशी स्त्री होना, दोनों ही परिस्थितियों में किसी अन्य की अपेक्षा अधिक कुशल होना होगा।"

कठिन परिश्रम का कोई विकल्प नहीं है, इंदिरा इस तथ्य को अच्छी तरह जानती थी, उसे अपने पुरुषार्थ को प्रमाणित करने की आवश्यकता थी और यह काम केवल कठिन परिश्रम एवं बुद्धिमानी के आधार पर ही किया जा सकता था।

कठिन परिश्रम का कोई विकल्प नहीं है, इंदिरा इस तथ्य को अच्छी तरह जानती थी, उसे अपने पुरुषार्थ को प्रमाणित करने की आवश्यकता थी और यह काम केवल कठिन परिश्रम एवं बुद्धिमानी के आधार पर ही किया जा सकता था। इसी कारण से उसे निर्धारित कार्य समय से आगे जाकर काम करना पड़ता था, सफलता व्यक्तिगत बलिदान के मूल्य पर प्राप्त होती है। बी.सी.जी. में उसे ग्राहकों की विस्तृत शृंखला एवं उद्योग, आपूर्ति एवं खुदरा व्यापार जैसे विविध क्षेत्रों के ग्राहकों की परियोजनाओं में परामर्शन का दायित्व सौंपा गया था। अपने अनुभव की शृंखला के विस्तार के साथ जब वह आगे बढ़ी और पदानुक्रम के शीर्ष पर पहुँची तो अपने स्वभाव

के अनुसार प्रारंभ से ही अपने तरीके से काम करने लगी और कार्य को इस प्रकार पूरा करने लगी, जैसे कोई अन्य व्यक्ति नहीं कर सकता था। वह कहती है, "मैंने हमेशा इस सामान्य से नियम का पालन किया कि मैं जो भी काम करूँ, उसे इस तरह करूँ कि मुझसे अधिक अच्छा परिणाम कोई अन्य व्यक्ति न दे सके, इसलिए मैं वांछित परिणाम हेतु अत्यधिक कठोर श्रम करने लगी, अधिक घंटे! जी हाँ, अधिक त्याग और दुविधापूर्ण, जी हाँ।"

इंदिरा इस विचारधारा पर दृढ़तापूर्वक विश्वास करती है और बलपूर्वक कहती है कि वह इसी प्रकार से अपनी यात्रा करना पसंद करती है और कहती है कि उसे 'यात्रा का कोई अन्य तरीका' ज्ञात नहीं है। इस कार्यपद्धति के कारण उसे अतिरिक्त घंटे काम करने की आवश्यकता पड़ी, जो उसे 'सुखद जीवन' की अनुमति नहीं देती थी और वह शायद ही कभी शाम 6 बजे घर जाकर समाचार देखने का अवसर पा सकी। अच्छी बात यह है कि जब आप कठिन परिश्रम करते हैं तो अपनी भावना के कारण लोगों की नजर में आते हैं, जिसके परिणामस्वरूप आपके समक्ष पुरस्कारों की झड़ी लग जाती है।

इंदिरा इस विचारधारा पर दृढ़तापूर्वक विश्वास करती है और बलपूर्वक कहती है कि वह इसी प्रकार से अपनी यात्रा करना पसंद करती है और कहती है कि उसे 'यात्रा का कोई अन्य तरीका' ज्ञात नहीं है। इस कार्यपद्धति के कारण उसे अतिरिक्त घंटे काम करने की आवश्यकता पड़ी, जो उसे 'सुखद जीवन' की अनुमति नहीं देती थी और वह शायद ही कभी शाम 6 बजे घर जाकर समाचार देखने का अवसर पा सकी।

उसने बी.सी.जी. में छह वर्षों तक काम किया और अंतरराष्ट्रीय कारोबार रणनीति प्रोजेक्ट की निदेशक बन गई। आगामी समय में वह मोटोराला के ऑटोमोटिव एंड इंडस्ट्रियल इलेक्ट्रॉनिक्स ग्रुप में बिजनेस डवलपमेंट एग्जीक्यूटिव के रूप में काम शुरू करनेवाली थी और सन् 1994 में पेप्सीको

में जाने से पहले वह मोटोरोला समूह की कॉरपोरेट स्टेजी ऐंड प्लानिंग की उपाध्यक्ष तथा निदेशक के पद तक पहुँच चुकी थी।

अपने कॅरियर विकास के दौरान इंदिरा ने अपने लिए सफलता का फॉर्मूला विकसित कर लिया था, जिसे वह '5-सी' : कॉम्पीटेंस (प्रतिस्पर्धा), कॉन्फिडेंस ऐंड कॅरेज (आत्मविश्वास एवं साहस), कम्युनिकेशन स्किल्स (संवाद कौशल), कंपास ऐंड कॉन्साइंस (सीमा एवं शुचिता) का नाम देती है। वह कहती है—"आपके पास तात्कालिक कौशल अवश्य होना चाहिए, जिसके लिए आप ख्यात हैं और निरंतर उस पर काम करती रहती हैं, आत्मविश्वास और साहस का चोली-दामन जैसा साथ है, ये दोनों साथ-साथ चलते हैं, जब तक आप खुलकर नहीं बताएँगी कि वस्तुतः आप चाहती क्या हैं, तब तक आप लीडर (नेता) नहीं बन सकती हैं, परंतु आपकी कंपनी का भी यह दायित्व है कि वह आपको बात-बात पर झिड़कने की बजाय अपनी इच्छानुसार काम करने का साहस उपलब्ध कराए, संवाद के लिखित और मौखिक दोनों माध्यम अनिवार्य हैं, आपके प्रत्येक कार्य की जड़ में एकात्मता अवश्य होनी चाहिए और लोगों को यह ज्ञात होना चाहिए कि आप जो कुछ कह रही हैं, उस पर भरोसा किया जा सकता है, आपको कंपनी की अंतरात्मा होना चाहिए।" युवा व्यवसायियों के लिए वह जिस '5-सी' की वकालत करती हैं, उसका मूल पाठ यही है।

अपने कॅरियर विकास के दौरान इंदिरा ने अपने लिए सफलता का फॉर्मूला विकसित कर लिया था, जिसे वह '5-सी' : कॉम्पीटेंस (प्रतिस्पर्धा), कॉन्फिडेंस ऐंड कॅरेज (आत्मविश्वास एवं साहस), कम्युनिकेशन स्किल्स (संवाद कौशल), कंपास ऐंड कॉन्साइंस (सीमा एवं शुचिता) का नाम देती है।

उसका पेशा सही दिशा में जा रहा था, परंतु उसके विवाह के लिए उसके माता-पिता की इच्छा और बलवती होती जा रही थी। अब फोन

पर होनेवाली हरेक बातचीत में अपरिहार्य रूप से एकाध वाक्य वैवाहिक विकल्पों पर अवश्य शामिल होता था। रूढ़िवादी परिवार होने के नाते अकसर उसे वापस आकर चेन्नई में बसने के लिए जरूर कहा जाता था, क्योंकि उनके लिए उसके विवाह के लिए आनेवाले प्रस्ताव अत्यंत संतोषप्रद थे; परंतु इंदिरा ऐसा नहीं सोचती थी। वह जानती थी कि संयुक्त राज्य (यू. एस.) ही वह जगह है, जहाँ वह अधिकतम ऊँचाइयों तक जा सकती है, इसलिए वह अमेरिका को त्यागना नहीं चाहती थी, परिवार के आधारभूत लोकाचार ने एक बार फिर उसकी सहायता का मार्ग खोज लिया, प्रारंभ से ही उसका परिवार अच्छे अंक न लाने पर उसे 'अठारह वर्ष की आयु' में उसके विवाह की धमकी देता आ रहा था, परंतु परिवारवालों ने अपनी उस धमकी पर अमल कभी नहीं किया और उसे अपनी पसंद का काम करने दिया। इस बार फिर उसका परिवार विकल्पों की तलाश में जुट गया, परिवार को पता चला कि बड़ी संख्या में भारतीय नागरिक अमेरिका जा रहे हैं और भारतीय समुद्र तट छोड़नेवालों में नौजवानों की संख्या बहुत अधिक थी। यह भी देखा गया था कि बड़ी संख्या में युवक भारत आकर विवाह कर रहे थे और अपनी दुलहनों के साथ वापस लौटकर अपनी गृहस्थी बसा रहे थे। विकल्प उनके सामने था और अब बारी थी अपनी प्रतिभावान लड़की के लिए किसी योग्य वर तलाश करने की। इतने ऊँचे पद पर होने के बावजूद इंदिरा खुद को एक रूढ़िवादी भारतीय महिला मानती थी, जो अपने माता-पिता की इच्छाओं के विरुद्ध नहीं जा सकती थी। वह ऐसा कैसे कर सकती थी, जबकि उसके परिवार ने ही उसे आगे बढ़ने हेतु प्रेरित किया था और उसके विवाह की धमकी पर कभी अमल नहीं किया था?

रूढ़िवादी परिवार होने के नाते अकसर उसे वापस आकर चेन्नई में बसने के लिए जरूर कहा जाता था, क्योंकि उनके लिए उसके विवाह के लिए आनेवाले प्रस्ताव अत्यंत संतोषप्रद थे; परंतु इंदिरा ऐसा नहीं सोचती थी।

भारत में किसी पुत्र अथवा पुत्री का अपने माता-पिता की मरजी से विवाह करना उसके परिवार के लिए सम्मान की बात मानी जाती है और इंदिरा इसे अच्छी तरह जानती थी। यदि वह इसके विरुद्ध जाकर विवाह करती तो अपने प्रिय परिवार के सपनों को तोड़ती। अनेक युवा आज भी सोचते हैं कि उनके भाग्य का निर्णय कोई भी कर सकता है और नब्बे के दशक में तो इस बात पर विशेष ध्यान दिया जाता था। इसके साथ-ही-साथ यह भी एक वास्तविक तथ्य था कि उसके व्यक्तित्व से मेल खाता कोई वर मिलना आसान नहीं था। बेशक उसका परिवार प्रतिष्ठित एवं संपन्न था। इंदिरा स्वयं भी परंपरा और आधुनिकता का मिश्रण थी, एक ओर जहाँ उसे भारतीय शास्त्रीय संगीत में रुचि थी, वहीं दूसरी ओर उसे पश्चिमी संगीत से भी लगाव था, क्योंकि वह अपने कॉलेज के रॉकबैंड की सदस्य थी। उसके लिए सर्वप्रथम भारतीय होना अधिक महत्त्वपूर्ण था, क्योंकि वही उसकी महत्त्वपूर्ण पहचान थी और अन्य सभी पहचानें दूसरे नंबर पर आती थीं।

> ***भारत में किसी पुत्र अथवा पुत्री का अपने माता-पिता की मरजी से विवाह करना उसके परिवार के लिए सम्मान की बात मानी जाती है और इंदिरा इसे अच्छी तरह जानती थी। यदि वह इसके विरुद्ध जाकर विवाह करती तो अपने प्रिय परिवार के सपनों को तोड़ती।***

एक सलाहकार के रूप में अपने ग्राहकों को बड़े पैमाने पर महत्त्वपूर्ण परामर्श देने की उसको आदत पड़ चुकी थी, अतः वह अपने आसपास के परिवेश पर दृष्टि रखती थी। वह यह भी महसूस करती थी कि उसे ऐसा पति चाहिए, जो उसके कार्यों में सहयोग करे, क्योंकि निकट भविष्य में वह कोई बड़ा काम करके व्यापार क्षितिज का चमकता सितारा बननेवाली थी। यदि उसे कोई ऐसा पति मिल जाता, जो उसकी सफलता की काली छाया में रूठकर बैठ जाता तो उसका पारिवारिक जीवन तबाह हो जाता और ऐसा होना उसे कतई पसंद नहीं आता। इस मामले में वह खुशकिस्मत थी कि अमेरिका

में उसकी भेंट राज किशन नूई से हो गई, अपनी पत्नी के प्रति उनके समर्थन को समाचारों (मीडिया) में भी जगह मिल रही थी, क्योंकि उन्होंने अपनी पत्नी और परिवार को अधिक समय देने के लिए अपनी नौकरी छोड़ दी तथा व्यापारिक सलाहकार बन गए।

इंदिरा जब 'पेप्सीको' की सी.ई.ओ. बनने के साथ प्रसिद्धि प्राप्त करने लगी तो उनके 'नूई' उपनाम को लेकर अटकलों की लहर चलने लगी, क्योंकि वह नाम न तो भारत में जाना-पहचाना था और न ही पश्चिमी दुनिया में, इसके साथ ही अटकलों का बाजार गरम हो गया। इस उपनाम को अधिक लोगों ने नहीं सुना था, अनेक लोग चकित थे कि कहीं यह कोई तमिल उपनाम तो नहीं! परंतु किसी भी बात की पुष्टि नहीं हो सकी। अंततः पता चला कि नूई उपनाम का संबंध कर्नाटक में मैंगलोर के पास गुरुपुर नामक गाँव से है, वहाँ यह एक सामान्य उपनाम है, नूई परिवार गुरुपुर में बहुत प्रसिद्ध है, राज की माँ भी इंदिरा की माता के समान अत्यंत धार्मिक थीं, इसलिए दोनों में तत्काल मित्रता हो गई।

इंदिरा जब 'पेप्सीको' की सी.ई.ओ. बनने के साथ प्रसिद्धि प्राप्त करने लगी तो उनके 'नूई' उपनाम को लेकर अटकलों की लहर चलने लगी, क्योंकि वह नाम न तो भारत में जाना-पहचाना था और न ही पश्चिमी दुनिया में, इसके साथ ही अटकलों का बाजार गरम हो गया।

भारत में शादी एक पारिवारिक मामला है और उसे दो परिवारों के संबंध के रूप में देखा जाता है। शांता के लिए यह शादी उसकी तपस्या पूर्ण होने के समान थी, क्योंकि उसे दोहरी उपलब्धि प्राप्त हुई थी, उसने इंदिरा की परवरिश एक कारोबारी महिला के साथ-साथ एक सफल पत्नी के रूप में भी सफलतापूर्वक की थी।

मैसूर विश्वविद्यालय के स्नातक राज पेशे से इंजीनियर थे और इलेक्ट्रॉनिक्स ऐंड कम्यूनिकेशन इंजीनियरिंग के क्षेत्र में काम कर रहे थे। उन्होंने यू.एस. जाकर टेक्सास विश्वविद्यालय से इंडस्ट्रियल इंजीनियरिंग में

एम.एस. की उपाधि, शिकागो विश्वविद्यालय से एम.बी.ए. की डिग्री प्राप्त करने के बाद ईटन कॉरपोरेशन के उत्पादन विभाग में काम करना शुरू कर दिया और 1978 से 1983 तक उस संस्था में रहे। इसके बाद वह एच.पी. (हेवलेट-पैकर्ड) कंपनी में 1990 तक संचालन प्रबंधक के पद पर रहे। उन्होंने एक बार पुनः छलाँग लगाई और पिटिग्लियो रैबिन टॉड एंड मैंकग्रा नामक एक प्रबंधन संस्था में प्रवेश किया, जहाँ वह निदेशक के पद पर 1991 से 2001 तक रहे। उन्होंने इनोवेक्स इंक. के निदेशक के रूप में भी 2002 से जुलाई 2006 तक काम किया। इसके पश्चात् उन्होंने ऐमसॉफ्ट सिस्टम्स के प्रेसीडेंट के रूप में काम किया, यह कंपनी इ-बिजनेस के क्षेत्र में कस्टम सॉल्युशंस ऐंड सर्विसेज के क्षेत्र में तथा समाचार मीडिया एवं डब्ल्यू.ए.पी. (वैप) समाधान उपलब्ध कराती थी, वह कंपनी सॉफ्टवेयर विकास, वास्तुकला चित्रण एवं पुनर्अभियंत्रण (रि-इंजीनियरिंग) के क्षेत्र में भी सेवाएँ प्रदान करती थी।

इंदिरा और राज के. नूई ने पूरे रीति-रिवाज के साथ सन् 1981 में पारंपरिक विवाह कर लिया, चूँकि इंदिरा और राज दोनों के लिए उनके पेशे महत्त्वपूर्ण थे, इसलिए उन्होंने विवाह के बंधन में बँधने से पूर्व काफी लंबी वार्त्ताएँ कीं।

इंदिरा और राज के. नूई ने पूरे रीति-रिवाज के साथ सन् 1981 में पारंपरिक विवाह कर लिया, चूँकि इंदिरा और राज दोनों के लिए उनके पेशे महत्त्वपूर्ण थे, इसलिए उन्होंने विवाह के बंधन में बँधने से पूर्व काफी लंबी वार्त्ताएँ कीं। राज ने कहा कि हमारी बातचीत मुख्यतः इस बात को लेकर होती थी कि दोनों मिलकर सुनिश्चित करें कि दोनों के कॅरियर को समान महत्त्व दिया जाना चाहिए; उन्हीं के शब्दों में, "हमें अनुकूलन की रणनीतियों का विकास करना था, क्योंकि यदि हम ऐसा नहीं करते तो हम दोनों में असंतोष और रोष की भावना उत्पन्न हो जाती।" इंदिरा भी परिवार की खुशी और संतोष की चाबी का खुलासा करती है, वह कहती है कि जब वह घर की चारदीवारी

में होती हैं तो एक माँ और पत्नी होती हैं। उनकी माँ शांता ने उसे समझाया था कि जब वह ऑफिस से घर लौटे तो अपने रुतबे (ताज) को गैराज में छोड़कर आए। इंदिरा लंबी मुसकान के साथ कहती, "ठीक है, मैं उसे गैराज में ही छोड़ आई हूँ।" एक अन्य साक्षात्कार में वह कहती है कि "मेरी माँ मानती है कि नौकरी आपको पैसे देती है और जब तुम घर आओ तो उन पैसों को गैराज (कार खड़ी करने की जगह) में छोड़कर आया करो।" एक सलाह वह और देती हैं—"घर पहुँचने के बाद तुम खुद को 'बिग बॉस' समझने की कोशिश मत करो; क्योंकि घर में तुम केवल पत्नी हो, बिग बॉस नहीं।"

'ताज' का किस्सा भी बड़ा दिलचस्प है। एक दिन इंदिरा जब रात दस बजे घर लौटी तो बहुत थकी हुई, परंतु प्रसन्न थी, उसकी खुशी का कारण यह था कि उसने 'क्वेकर ओट्स' का सफलतापूर्वक अधिग्रहण कर लिया था, जिसके पुरस्कार के रूप में उसे प्रेसीडेंट के पद पर प्रोन्नत कर दिया गया था। यद्यपि उसके संचालन को लेकर कुछ समस्याएँ भी थीं, जिनका त्वरित और शीघ्र समाधान किया जाना आवश्यक था। उसने घर पहुँचकर देखा कि उसकी माँ रसोई में काम कर रही है, जिसने इंदिरा की ओर देखे बिना ही आदेशात्मक स्वर में कहा, "दूध ले आ।" यह ऐसी बात थी, जो वह कभी सुनना पसंद नहीं करती थी; प्रत्युत्तर में इंदिरा ने कहा, "मैं आपको कोई अच्छी बात बताना चाहती हूँ।" माँ शांता को पहले दूध की जरूरत थी, इंदिरा अपनी कंपनी में

'ताज' का किस्सा भी बड़ा दिलचस्प है। एक दिन इंदिरा जब रात दस बजे घर लौटी तो बहुत थकी हुई, परंतु प्रसन्न थी, उसकी खुशी का कारण यह था कि उसने 'क्वेकर ओट्स' का सफलतापूर्वक अधिग्रहण कर लिया था, जिसके पुरस्कार के रूप में उसे प्रेसीडेंट के पद पर प्रोन्नत कर दिया गया था। यद्यपि उसके संचालन को लेकर कुछ समस्याएँ भी थीं, जिनका त्वरित और शीघ्र समाधान किया जाना आवश्यक था।

बड़ी अधिकारी हो सकती थी, परंतु घर में वह माँ के अतिरिक्त और कुछ नहीं थी, जिसका कर्तव्य आवश्यकतानुसार दूध लाकर देना था; इंदिरा थोड़े आवेश में नीचे गई और दूध की पेटी लाकर मेज पर आराम से रखने के बजाय उसे पटक दिया। उसके रोष को भाँपते हुए माँ शांता ने कहा, "देखो इंदिरा, जब तुम गैराज में अपनी कार खड़ी किया करो तो अपने ताज को भी वहीं छोड़ दिया करो, अपने पद के घमंड में घर मत आया करो, क्योंकि यहाँ तुम पहले एक पत्नी और माँ हो, इसके बाद कुछ और।"

जब पूछा गया कि इस बात पर इंदिरा ने कैसा महसूस किया, तो उसने कहा, "क्या मैं उसे अपने साथ लाना पसंद करती? कभी नहीं, अपनी शादी और बच्चों की कीमत पर तो कदापि नहीं...मेरी शादी एक महान् व्यक्ति के साथ हुई है, परंतु उसमें निरंतर तालमेल बैठाने की जरूरत है, ताकि यह सुनिश्चित किया जा सके कि हम दोनों एक-दूसरे के सामने बराबर हैं और अपने बच्चों के लिए हम दोनों ही माता-पिता हैं।"

मैं आपको बताना चाहती हूँ कि मैंने अनेक चीजें ठीक से की हैं, अपने जिस कार्य को मैं सचमुच ठीक मानती हूँ, वह यह है कि मैंने सही आदमी के साथ शादी की! मैं आपसे कह सकती हूँ कि वह आदमी एक हीरा है।

यह पूछे जाने पर कि उसने अपनी नौकरी और बच्चों की देखभाल के बीच संतुलन कैसे बनाया, तो इंदिरा ने उसका पूरा श्रेय राज को दिया। उसने कहा, "मैं आपको बताना चाहती हूँ कि मैंने अनेक चीजें ठीक से की हैं, अपने जिस कार्य को मैं सचमुच ठीक मानती हूँ, वह यह है कि मैंने सही आदमी के साथ शादी की! मैं आपसे कह सकती हूँ कि वह आदमी एक हीरा है।"

इंदिरा अपनी सफलता का श्रेय काफी हद तक अपने पति को देती है, वह कहती है कि मेरा पति मेरी सफलता का महत्त्वपूर्ण अंग है। एक साक्षात्कार में राज से प्रश्न किया गया कि इंदिरा को प्राथमिकता देने के पीछे आपका क्या दृष्टिकोण है, तो उन्होंने अपनी आँखों में चमक लाते हुए कहा,

"यह सूची पेप्सीको से शुरू होकर पेप्सीको तक ही जाती है, बच्चे, उनकी माँ और मैं स्वयं सूची में सबसे नीचे हैं।"

मजाक की बात अलग है, इंदिरा के मन में अपने पति के प्रति काफी आदर है, वह अपने पति को अपने सर्वोत्तम मित्र के रूप में देखती है और इस बात पर जोर देती है कि "उनकी सहायता के बिना मैं अपने बच्चों को बड़ा नहीं कर सकती थी।" राज के बारे में बात करते हुए इंदिरा कहती है, "वे शांत हैं, मेरी लंबी अनुपस्थिति को सहन करते हैं और जब मुझे जरूरत होती है तो वे मेरी सहायता भी करते हैं।" वह परामर्श देती है, "आपको सही पति का चुनाव करना चाहिए, मैंने सही पति का चयन किया, राज एक महान् व्यक्ति हैं, उन्होंने मेरी बड़ी मदद की है और मैं नहीं जानती कि मैं उनके बगैर कहाँ होती। यह बात मैं निस्संदेह कह सकती हूँ, वह पति से आगे बढ़कर भी कुछ हैं, वह मेरी प्रतिध्वनि एवं मित्र हैं।"

एक अन्य अवसर पर वह शपथ लेकर कहती है, "वह मुझे जमीन पर बनाए रखते हैं, मैं नहीं जानती कि वह ऐसा कैसे कर पाते हैं, उनके पास भी अपनी नौकरी, यात्राएँ और अपने अन्य काम थे, परंतु हम अपनी अनुसूची में किसी तरह समन्वय रखते थे और दोनों का काम चल जाता था। मैं ऐसा इसलिए कर पाई, क्योंकि मेरे साथ मेरे पति थे, मैं सारा श्रेय उन्हें ही दूँगी।"

वह मुझे जमीन पर बनाए रखते हैं, मैं नहीं जानती कि वह ऐसा कैसे कर पाते हैं, उनके पास भी अपनी नौकरी, यात्राएँ और अपने अन्य काम थे, परंतु हम अपनी अनुसूची में किसी तरह समन्वय रखते थे और दोनों का काम चल जाता था। मैं ऐसा इसलिए कर पाई, क्योंकि मेरे साथ मेरे पति थे, मैं सारा श्रेय उन्हें ही दूँगी।

विवाह के पश्चात् मनुष्य के जीवन में कुछ बुनियादी बदलावों की जरूरत पड़ती है और यह बदलाव इंदिरा और राज जैसे कामकाजी एवं व्यस्त दंपतियों के लिए और भी अधिक महत्त्वपूर्ण हो जाता है। वैवाहिक जीवन में

किसी व्यक्ति के सफल होने के लिए पहली प्राथमिकता यह है कि उनके व्यावसायिक एवं व्यक्तिगत जीवन के बीच अच्छा संतुलन होना चाहिए, यह भी आवश्यक है कि एक व्यक्ति दूसरे व्यक्ति के व्यापारिक लक्ष्यों में हस्तक्षेप न करे; यह बात पति पर अपेक्षाकृत अधिक लागू होती है और इस मामले में राज एक आदर्श पति सिद्ध हुए हैं। ऐसी दिक्कतों से निपटने में यह दंपती पर्याप्त रूप से परिपक्व सिद्ध हुआ है, उन्होंने घर को एक ऐसा स्थान बनाया, जहाँ वे अपनी व्यस्त कार्यसूची से समय निकालकर छिप सकें, इस तथ्य के बावजूद कि उन्हें अपने काम के सिलसिले में बार-बार यात्राएँ करनी पड़ती थीं, इंदिरा की महत्त्वाकांक्षा के मार्ग में राज कभी बाधा नहीं बने, दोनों अपने कामकाज का कार्यक्रम इस प्रकार बनाते थे कि परिवार की देखभाल भी अच्छी तरह कर सकें।

समय की कमी के कारण घर को एक विहार की तरह बनाया गया, ताकि दंपती एक-दूसरे के साथ उत्तम एवं सार्थक समय व्यतीत कर सकें। यह कनेक्टीकट के ग्रीनविच क्षेत्र में निर्मित एक आधुनिक, किंतु पारंपरिक भवन था, जिसमें पूजा कक्ष (मंदिर) की व्यवस्था भी थी।

समय की कमी के कारण घर को एक विहार की तरह बनाया गया, ताकि दंपती एक-दूसरे के साथ उत्तम एवं सार्थक समय व्यतीत कर सकें। यह कनेक्टीकट के ग्रीनविच क्षेत्र में निर्मित एक आधुनिक, किंतु पारंपरिक भवन था, जिसमें पूजा कक्ष (मंदिर) की व्यवस्था भी थी। वे जब भी कभी घर में एक साथ होते, उनके घर में शास्त्रीय कर्नाटक संगीत का स्वर पार्श्व में सुनाई देता रहता था। घर पर इंदिरा के आधुनिक, किंतु रूढ़िवादी व्यक्तित्व की प्रभावी छाप थी।

धर्म उसके जीवन में क्या भूमिका निभाता है, इसका उल्लेख करते हुए वह कहती है, "निश्चय ही वह मुझे प्रशांत करता है।" जब उसे अपनी व्यावसायिक व्यस्तताओं के कारण तनाव होता है तो कुछ समय के लिए वह

उसे घर पर छोड़ देती है, परंतु एक ही समय में कामकाजी महिला और माँ की दोहरी भूमिका के कारण तनाव होना स्वाभाविक है और कई बार वह असह्य भी हो जाता है। ऐसे समय में आप आँख बंद करके तिरुपति जैसे मंदिर के बारे में सोचती हैं और तभी अचानक आप महसूस करती हैं कि "अरे, मैं तो सारी दुनिया पर भारी पड़ सकती हूँ!" अपने धर्म के बारे में गर्व महसूस करते हुए वह कहती है कि हिंदुत्व आपके चारों ओर तैरता रहता है और आपको अजेय महसूस कराता है। गीता और अन्य पवित्र ग्रंथों में इसी सत्य का वर्णन किया गया है। इंदिरा कहती है कि धर्म उसके जीवन में एक स्तंभ के समान है।

एक साक्षात्कार में उससे पूछा गया कि उसके जीवन का दूसरा स्तंभ कौन सा है, तो इंदिरा ने फौरन उसका उत्तर देते हुए कहा, "यदि धर्म मेरे जीवन का पहला स्तंभ है तो दूसरा सतंभ मेरा परिवार है। जब मैं कभी निराश हो जाती हूँ तो भारत में अपनी माँ को फोन करती हूँ और वह आधी रात को भी उठकर मेरी बात सुनती है, संभवतः ईश्वर से तिरुपति जाकर उनके दर्शन का वादा करती है!" यही वे चीजें हैं, जो धर्म और परिवार के मध्य काम करती हैं; दोनों जीवन के अनिवार्य क्षेत्र हैं और दोनों एक-दूसरे के अविभाज्य अंग भी।

"यदि धर्म मेरे जीवन का पहला स्तंभ है तो दूसरा सतंभ मेरा परिवार है। जब मैं कभी निराश हो जाती हूँ तो भारत में अपनी माँ को फोन करती हूँ और वह आधी रात को भी उठकर मेरी बात सुनती है, संभवतः ईश्वर से तिरुपति जाकर उनके दर्शन का वादा करती है!"

इस प्रतिष्ठित जोड़े की दो बेटियाँ तारा और गीता नूई हैं। तारा ने 2011 से 2015 तक न्यूयॉर्क विश्वविद्यालय में शिक्षा प्राप्त की, जहाँ से उसने राजनीति विज्ञान में स्नातक उपाधि प्राप्त की, लिंकेडइन में उसकी पृष्ठभूमि के अनुसार वह न्यूयॉर्क यांकीज बेसबाल टीम की प्रशिक्षु रही है और वर्तमान में वह ओमनीकॉम मार्केटिंग एवं विज्ञापन एजेंसी की रणनीतिकार है। प्रीता

ने अपनी माँ के पदचिह्न का अनुसरण करते हुए प्रबंधन में प्रतिष्ठित याले एस.ओ.एम. (स्कूल ऑफ मैनेजमेंट) से एम.बी.ए. की उपाधि अर्जित की।

इंदिरा का अपनी बेटियों से भी गहरा लगाव है, जब तारा मात्र नौ वर्ष की थी तो वह स्कूल से वापस आकर अपनी माँ के ऑफिस में फोन करके कहती कि वह अपनी माँ के साथ रहना चाहती है और इसके लिए सभी आवश्यक प्रबंध तत्काल सुनिश्चित कर दिए जाते। पेप्सीको में उसके कार्यकाल के दौरान यह कोई सामान्य बात नहीं थी कि उसकी बेटी कंपनी के संस्थापक प्रमुख के कक्ष अथवा किसी अन्य कार्यकारी अधिकारी के केबिन में बैठकर अपना होमवर्क करती या कभी-कभार उनसे सहायता माँगती हुई पाई जाती थी। इंदिरा की सचिव को उसकी बेटियों की ओर से किए गए टेलीफोन से निपटने के लिए प्रशिक्षित किया गया था। इंदिरा यदि कभी काम के सिलसिले में ऑफिस से बाहर होती थी, तब भी उसकी सचिव उसकी बेटियों की प्रत्येक गतिविधि पर नजर रखती थी और उनसे जुड़ी समस्याओं का समाधान करती थी।

पहली बेटी के जन्म पर उसकी खुशियों की कोई सीमा नहीं थी। माता-पिता होने की भावना विशिष्ट होती है, परंतु शिशु की देखभाल करना कोई बच्चों का खेल नहीं है, माता-पिता दोनों ही जाने-माने रणनीतिकार थे, परंतु बच्ची के सामने उनकी सारी रणनीतियाँ धरी-की-धरी रह जाती थीं।

पहली बेटी के जन्म पर उसकी खुशियों की कोई सीमा नहीं थी। माता-पिता होने की भावना विशिष्ट होती है, परंतु शिशु की देखभाल करना कोई बच्चों का खेल नहीं है, माता-पिता दोनों ही जाने-माने रणनीतिकार थे, परंतु बच्ची के सामने उनकी सारी रणनीतियाँ धरी-की-धरी रह जाती थीं। ऐसे समय में इंदिरा को अपनी माँ बहुत याद आती थी और उसके प्रति अपनी कृतज्ञता व्यक्त करते हुए उसे धन्यवाद देती थी कि उसकी माँ ने किस प्रकार एक नहीं, बल्कि तीन बच्चों को पाल-पोसकर बड़ा किया था और अपने आराम की चिंता न करते हुए उनमें अच्छे

संस्कार डाले थे। अपने बच्चों के प्रति शांता की चिंताएँ और सरोकार माँ बनने के बाद इंदिरा को साफ-साफ समझ में आने लगे थे और वह अकसर यह सोचकर हैरान हो जाती थी कि वह अपने बच्चों के बड़ा होते समय सबकुछ कैसे सँभाल लेती थीं।

इंदिरा नैनी (आया) और बेबीसिटर (बच्चों की देखभाल करनेवाली) का खर्च उठा सकती थी, परंतु उसने महसूस किया कि वह बच्ची को पूरी तरह उनकी दया पर नहीं छोड़ सकती, इसलिए उसे बच्ची की देखभाल हेतु परिवार के किसी निकट या दूर के संबंधी की सहायता की आवश्यकता पड़ी। यह इसलिए भी महत्त्वपूर्ण था, क्योंकि वह अपना भविष्य दाँव पर नहीं लगाना चाहती थी, इसके साथ-साथ वह यह भी चाहती थी कि उसकी बच्ची का पालन-पोषण सही वातावरण और संस्कारों के साथ हो। उन दिनों के बारे में इंदिरा बताती है, "हम दोनों, राज और मैं, अपनी बच्ची को आया अथवा नर्स के सहारे नहीं छोड़ना चाहते थे, हमने महसूस किया कि बच्ची के लिए परिवार का ही कोई सदस्य अच्छा रहेगा, अतः हम अपने विशाल परिवार को प्रसन्न रखने के लिए कुछ मील चलकर जाते और उनके लिए कुछ उपहार भी खरीद लेते थे, ताकि आवश्यकता पड़ने पर वे हमारी सहायता हेतु उपलब्ध रहें।"

इंदिरा नैनी (आया) और बेबीसिटर (बच्चों की देखभाल करनेवाली) का खर्च उठा सकती थी, परंतु उसने महसूस किया कि वह बच्ची को पूरी तरह उनकी दया पर नहीं छोड़ सकती, इसलिए उसे बच्ची की देखभाल हेतु परिवार के किसी निकट या दूर के संबंधी की सहायता की आवश्यकता पड़ी।

इस समय तक संपूर्ण कृष्णमूर्ति परिवार अमेरिका पहुँच चुका था। चंद्रिका ने एक पंजाबी के साथ विवाह कर लिया था और उसके भाई नारायण का विवाह एक तमिल ब्राह्मण कन्या से हो चुका था। इंदिरा के मंगलौरी पति के साथ शांता का जीवन, जैसा कि भारत के बारे में कहा जाता है, 'विविधता

में एकता' की सच्ची मिसाल बन चुका था। ईश्वर ने शांता पर जितनी कृपा-वृष्टि की थी, उसके लिए वह इससे अधिक कृतज्ञ नहीं हो सकती थी। वह यह देखकर पूरी तरह संतुष्ट थी कि उसके बच्चे अब अमेरिका में अच्छी तरह बस गए थे और प्रगति कर रहे थे। सचमुच इंदिरा अन्य बच्चों की अपेक्षा अधिक अच्छा कर रही थी, उसके लिए अंतिम शिक्षा यही थी कि वह अपनी दो अलग-अलग भूमिकाओं में संतुलन बनाकर रखे।

माँ के रूप में इंदिरा प्रसन्न थी और मन लगाकर अच्छी भावना के साथ अपनी बेटी की देखभाल कर रही थी, फिर भी वह अपनी रणनीतिज्ञ की भूमिका को छोड़ नहीं सकती थी। जिस समय इंदिरा 'पेप्सीको' में प्रवेश करने जा रही थी, तब तक प्रीता छोटी ही थी, परंतु यह बात वह भलीभाँति जानती थी कि इसकी कीमत तो चुकानी ही पड़ेगी। बढ़ती बच्ची पर अधिक ध्यान दिए जाने की आवश्यकता थी, बच्ची के प्रति अपनी जिम्मेदारियों को वह भलीभाँति जानती थी। उन दिनों को स्मरण करते हुए इंदिरा कहती है—"आप इस तथ्य से तो भाग सकती हैं कि आप एक कॉरपोरेट एग्जीक्यूटिव हैं, परंतु इस सच्चाई से दूर नहीं भाग सकतीं कि आप एक माँ हैं, माँ होने और कारोबारी अधिकारी होने के मामले में माँ की भूमिका पहले आती है।" उसने महसूस किया कि जिस प्रकार का उसका कामकाजी जीवन है, उसमें प्रात: 9 बजे से सायं 6 बजे तक काम किया जा सकता है, परंतु वह उतना समय नहीं दे सकती, जितना समय उसकी माँ ने उन्हें दिया था।

माँ के रूप में इंदिरा प्रसन्न थी और मन लगाकर अच्छी भावना के साथ अपनी बेटी की देखभाल कर रही थी, फिर भी वह अपनी रणनीतिज्ञ की भूमिका को छोड़ नहीं सकती थी। जिस समय इंदिरा 'पेप्सीको' में प्रवेश करने जा रही थी, तब तक प्रीता छोटी ही थी, परंतु यह बात वह भलीभाँति जानती थी कि इसकी कीमत तो चुकानी ही पड़ेगी।

राज की माँ अकसर उसके पास आ जाती थीं, परंतु शांता और कृष्णमूर्ति भी आते-जाते रहते थे। केवल इंदिरा ही नहीं, बल्कि उसके अन्य दोनों बच्चे चंद्रिका और नारायण भी शांता का समय चाहते थे, यद्यपि वे दोनों भी अमेरिका में ही रहते थे, परंतु वे दोनों इंदिरा से काफी दूर न्यूयॉर्क में रहते थे, तीनों बच्चे शांता का सान्निध्य चाहते थे और सभी उसे अपने पास रखना चाहते थे।

चाहे राज की माँ हो अथवा इंदिरा के माता-पिता, सभी बड़े-बूढ़े अपने साथ सघन पारंपरिक भावनाएँ लाते थे, वे अपनी पौत्रियों में इंदिरा जैसे सांस्कृतिक मूल्य डालना चाहते थे, इस प्रकार के पालन-पोषण हेतु इंदिरा उनके प्रति कृतज्ञता अनुभव करती है। एक बार इसे स्पष्ट करते हुए इंदिरा ने कहा था, "आजकल मेरी माँ मेरे साथ रहती हैं और मेरी बेटियाँ उसे पूजा करते देखती हैं तो वे भी बैठकर उसके साथ पूजा करने लगती हैं।" यदि इंदिरा और राज अकेले छोड़ दिए जाते तो इस प्रकार का पालन-पोषण कर पाना उनके लिए संभव नहीं था।

चाहे राज की माँ हो अथवा इंदिरा के माता-पिता, सभी बड़े-बूढ़े अपने साथ सघन पारंपरिक भावनाएँ लाते थे, वे अपनी पौत्रियों में इंदिरा जैसे सांस्कृतिक मूल्य डालना चाहते थे, इस प्रकार के पालन-पोषण हेतु इंदिरा उनके प्रति कृतज्ञता अनुभव करती है।

प्रपितामहों की देखभाल के अन्य सकारात्मक पक्ष भी हैं। कोई बच्चा जब बीमार होता है तो आधुनिक माँ अपने स्वभाव के अनुसार उसे विशेषज्ञ के पास ले जाती है, परंतु प्रपितामहों के मामले में ऐसा नहीं है। इंदिरा याद करती है, "दो दिन पूर्व जब मेरी नन्ही बेटी बीमार हुई तो जाकर मेरी माँ की गोद में लेट गई, माँ ने लोरी सुनाते हुए उसे सहलाया; कुछ पल बाद मेरी बेटी ने कहा कि अब वह पहले से अधिक अच्छा महसूस कर रही है।" भारत में अनेक रोगों में हम दादी के घरेलू नुस्खों से भलीभाँति परिचित हैं, क्योंकि भारत के लोग मात्र अंग्रेजी दवाओं की अपेक्षा जड़ी-बूटियों और वनस्पतियों पर अधिक भरोसा करते हैं।

आधुनिक माता-पिता अपने बच्चों को अपनी सामर्थ्य के अनुसार सभी सुविधाएँ उपलब्ध कराने में परस्पर प्रतिस्पर्धा करते हैं और इंदिरा की आय एवं स्तर को देखते हुए कोई भी सुविधा उसकी पहुँच के बाहर नहीं थी। इंदिरा सहित कोई भी माँ नहीं चाहेगी कि दुनिया में उपलब्ध कोई भी अवसर अथवा सुविधा से उसका बच्चा वंचित रहे। उसकी चिंता किसी और बात को लेकर थी, वह चाहती थी कि उसकी बेटियाँ एक पूर्ण व्यक्तित्व के रूप में बड़ी हों। उसने यह भी महसूस किया कि उसकी बेटियों को उस मध्यमवर्गीय पृष्ठभूमि का भी अनुभव प्राप्त हो, जिससे इंदिरा स्वयं आई। वह बताती है कि उस पृष्ठभूमि में बड़े होने के अपने ही लाभ हैं, क्योंकि अपने घर से आगे के निवासियों के बीच ही अपेक्षित अनुभव प्राप्त किया जा सकता था और उच्चवर्गीय अमेरिकी समाज में ऐसा होना संभव नहीं था। उसका दृढ़ मत था कि बच्चे का पालन-पोषण ऐसी मन:स्थिति के साथ किया जाना चाहिए कि वह उपलब्ध सुविधाओं से ही अपना काम चला सके, इससे बच्चे को यह शिक्षा मिलेगी कि जब चीजें उसकी पहुँच से बाहर हों तो न्यूनतम उपलब्ध सुविधा के साथ कैसे काम चलाया जा सकता है।

आधुनिक माता-पिता अपने बच्चों को अपनी सामर्थ्य के अनुसार सभी सुविधाएँ उपलब्ध कराने में परस्पर प्रतिस्पर्धा करते हैं और इंदिरा की आय एवं स्तर को देखते हुए कोई भी सुविधा उसकी पहुँच के बाहर नहीं थी। इंदिरा सहित कोई भी माँ नहीं चाहेगी कि दुनिया में उपलब्ध कोई भी अवसर अथवा सुविधा से उसका बच्चा वंचित रहे।

इंदिरा महसूस करती है कि यह उसकी मध्यमवर्गीय पृष्ठभूमि ही थी, जिसने उसे उसकी हैसियत के अनुसार उपलब्ध वित्तीय सहित सभी संसाधनों का कुशल प्रबंधक बनाया और विभिन्न कंपनियों में भी काम करते हुए उसने यही रणनीति अपनाई। यही कारण था कि वह अपने समकक्षों की

अपेक्षा न्यूनतम व्यय के साथ अधिकतम कार्य निष्पादन कर सकी। संघर्ष सर्वोत्तम शिक्षक होता है, वह आपको जीवन की कठिनाइयों का सामना करना सिखाते हैं। वह अपनी बेटियों के अंदर सर्वोत्तम मूल्यों का संचार करना चाहती थी, ताकि वे भविष्य में गला-काट प्रतियोगिता वाली अमेरिकी व्यापार संस्कृति में स्वयं को जीवित रख सकें।

मेरी माँ रोज रात को खाने की मेज पर हमसे (मेरी बड़ी बहन चंद्रिका और मुझसे) कहती थी कि हम इस विषय पर रोज एक भाषण लिखें कि यदि मैं राष्ट्रपति, मुख्यमंत्री अथवा प्रधानमंत्री होती तो क्या करती ? वह मुझसे रोजाना दुनिया के अलग-अलग नेताओं की भूमिका निभाने के लिए कहती।

अपने समस्त पारिवारिक सदस्यों के साथ उसका जबरदस्त रिश्ता है और उस रिश्ते के प्रति उसका अद्वितीय प्यार है। वह अपनी माँ को बारंबार याद करती है, "मेरी माँ रोज रात को खाने की मेज पर हमसे (मेरी बड़ी बहन चंद्रिका और मुझसे) कहती थी कि हम इस विषय पर रोज एक भाषण लिखें कि यदि मैं राष्ट्रपति, मुख्यमंत्री अथवा प्रधानमंत्री होती तो क्या करती ? वह मुझसे रोजाना दुनिया के अलग-अलग नेताओं की भूमिका निभाने के लिए कहती।" अपने व्यस्त कार्यक्रमों के बावजूद वह अपनी माँ को दिन में 2-3 बार फोन अवश्य करती है।

इंदिरा का पालन-पोषण, शिक्षा, व्यावसायिक रुचियाँ, अभिरुचियाँ और परिवार के अंदर सही संबंध इत्यादि ने इंदिरा को ऐसे ध्रुवतारे के रूप में उभरने में सहायता की, जिससे लोग उसे अपना आदर्श मानने लगे। समय मिलने पर उसे गाना, गिटार बजाना पसंद है और वह क्रिकेट के खेल में भी हिस्सा लेती है, उसे तमिल फिल्में देखने का शौक है और वह नागेश की कॉमेडी फिल्मों का भी आनंद लेती है। जब वह प्रतिवर्ष दिसंबर की संगीत ऋतु में चेन्नई की यात्रा हर हाल में करती है तो संगीत के प्रति उसकी रुचि प्रत्यक्ष दिखाई देती है। चाहे वह कोई भी परिधान पहन ले, उसके आत्मविश्वास का पसीना सभी

में दिखाई देता है। 'पेप्सीको' द्वारा आयोजित कार्यक्रमों में साड़ी पहनकर जाने के कारण वह अपने अमेरिकी समकक्षों में बहुत मशहूर थी। उसके इन्हीं गुणों के कारण उसे 'लौह महिला' की उपाधि मिली, उसके बाद उसकी त्रुटिहीन प्रबंधन शैली को प्रदर्शित करने हेतु ब्लैक सब्बाथ द्वारा 'लौह पुरुष' वाला गीत दोबारा लिखा गया।

> *उस दौरान सफलता की ऊँची सीढ़ियाँ चढ़ने के बावजूद अपने व्यक्तिगत जीवन में इंदिरा सरल बनी रही। अपने प्रारंभिक जीवन, अर्थात् पालन-पोषण और शिक्षा के दौरान उसने जो आधारभूत जीवन-मूल्य अर्जित किए थे, उनके साथ उसने कभी समझौता नहीं किया। उसने गोश्त अथवा शराब का स्वाद कभी नहीं चखा, व्यापार जगत् अथवा उच्च समाज के जितने लोग थे, वे सब जानते थे कि इन चीजों दूर रहना मुश्किल है।*

उस दौरान सफलता की ऊँची सीढ़ियाँ चढ़ने के बावजूद अपने व्यक्तिगत जीवन में इंदिरा सरल बनी रही। अपने प्रारंभिक जीवन, अर्थात् पालन-पोषण और शिक्षा के दौरान उसने जो आधारभूत जीवन-मूल्य अर्जित किए थे, उनके साथ उसने कभी समझौता नहीं किया। उसने गोश्त अथवा शराब का स्वाद कभी नहीं चखा, व्यापार जगत् अथवा उच्च समाज के जितने लोग थे, वे सब जानते थे कि इन चीजों दूर रहना मुश्किल है। फिर भी इंदिरा ने इन चीजों का सेवन किए बिना भी निरंतर अच्छा काम किया। अमेरिकी समाज में अपने व्यावसायिक जीवन के प्रारंभ में साड़ी पहनने और शराब तथा गोश्त से दूर रहने के कारण अकसर कुछ लोगों की त्योरियाँ चढ़ जाती थीं, इसके बावजूद उसने बाहरी दिखावे की बजाय सारा ध्यान अपने कार्यप्रदर्शन पर दिया। अपने दृष्टिकोण पर वह इतनी अटल थी कि उसके वरिष्ठ अधिकारी (बॉस) भी उसकी भावनाओं की कद्र करने लगे थे और यदि कभी बाहर जाने का कार्यक्रम बनता तो सबसे पहले वे यह सुनिश्चित करते कि इंदिरा के लिए वहाँ शाकाहारी भोजन उपलब्ध होगा या

नहीं! अपने जीवन के प्रारंभिक चरणों में अपने मूल्यों के कारण कुछ दिक्कतों का सामना करना पड़ सकता है, परंतु यदि आप उन पर निरंतर अडिग रहते हैं तो आपके सिद्धांत दूसरों पर अमिट छाप छोड़ते हैं। इसी प्रकार का पालन-पोषण और शिक्षा इंदिरा अपनी बेटियों के लिए भी सुनिश्चित करना चाहती थी।

इस मोड़ पर इंदिरा नूई के अन्य भाई-बहनों के विषय में भी जानना महत्त्वपूर्ण होगा। जब उससे पूछा गया कि आप तीनों में सबसे तेज कौन है ? तो इंदिरा ने मुसकराते हुए कहा, "सचमुच नारायण है, वह हम दोनों से तेज है।"

> *नारायण इंदिरा से 12 वर्ष छोटा है, अतः उसकी बहनों से भी उसे खूब प्यार-दुलार मिला; भारत में बड़ी बहनें आज भी अत्यंत स्नेहिल होती हैं और अपने भाई का खयाल माँ से अधिक रखती हैं और चंद्रिका तथा इंदिरा भी इस विषय में अपवाद नहीं थीं।*

नारायण इंदिरा से 12 वर्ष छोटा है, अतः उसकी बहनों से भी उसे खूब प्यार-दुलार मिला; भारत में बड़ी बहनें आज भी अत्यंत स्नेहिल होती हैं और अपने भाई का खयाल माँ से अधिक रखती हैं और चंद्रिका तथा इंदिरा भी इस विषय में अपवाद नहीं थीं। नारायण की जरूरतों का ध्यान रखने के लिए अकसर वे अपना काम छोड़ दिया करती थीं, वर्तमान में निवेश परामर्शक एवं पत्राधान (पोर्टफोलियो) प्रबंधक के रूप में 'वाल स्ट्रीट' में नारायण एक जाना-पहचाना नाम है, उसने भी याले में शिक्षा प्राप्त करने के बाद एम.आई.टी. (मैसाच्यूसेट्स इंस्टीट्यूट ऑफ टेक्नोलॉजी से संबद्ध) स्लोन प्रबंधन स्कूल से मास्टर डिग्री प्राप्त की।

इंदिरा की भाँति अन्य दो भाई-बहन चंद्रिका और नारायण भी अमेरिकी शिक्षा प्राप्त कर वहीं रहने लगे थे, इस बात में थोड़ा संदेह है कि अन्य लोग, जो अपने स्वप्नजगत् में जाते हैं, वे अपनी प्रतिभा के बल पर वहाँ पहुँचते हैं, फिर भी सबके लिए उस प्रकार चमकना संभव नहीं है, इन तीन बहन-भाइयों की बात भिन्न है और इसे अपवाद ही माना जाएगा कि तीनों ने वहाँ अच्छी प्रगति की थी।

चंद्रिका के विषय में हम आपको इस पुस्तक के प्रारंभिक पृष्ठों में पहले ही बता चुके हैं, बेरूत में सिटीबैंक, जहाँ वह मुद्रा व्यापार और संचालन तथा शाखा प्रबंधन का कार्य सँभाल रही थी, के अपने कार्यकाल की समाप्ति के बाद उसने मैकिन्से एंड कंपनी में प्रवेश किया और उसकी साझीदार बन गई।

अपनी सफलता के बावजूद चंद्रिका ने अपनी माँ, विशेषतया उसके पितामह द्वारा उसके अंदर जो मूल्य विकसित किए गए थे, अपनी उन पारंपरिक भारतीय जड़ों को अनदेखा नहीं किया था। वह संक्षिप्त ध्यान के साथ अपने दिन की शुरुआत करती थी और उसने व्यापार जगत् के कर्मचारियों में आधारिक प्रसन्नता प्रदान करनेवाले 'आर्ट ऑफ लिविंग' (जीने की कला) जैसे कार्यक्रम का प्रसार भी किया था।

वर्ष 1992 में उसने न्यूयॉर्क में 'टंडन कैपिटल एसोसिएट्स' नामक एक परामर्शक एवं निवेश संस्था खोली, जो लगभग 500 बड़ी कंपनियों को सलाह देती है कि कैसे वे अपने संचालन लागत में कटौती करते हुए एकीकृत एवं नया रूप देते हुए अपना खर्च घटाकर लाभ अर्जित कर सकती हैं। उसने बैंकों सहित अनेक वित्तीय संस्थानों की अगुआई करते हुए दिखाया कि उसके अंदर सचमुच उनके संचालनों को अच्छी तरह सँभालने की क्षमता है। अपनी प्रभावशाली संचालन पद्धति के माध्यम से उसने अमेरिका में 'दि टंडोनिस्टास' की पदवी प्राप्त की।

अपनी सफलता के बावजूद चंद्रिका ने अपनी माँ, विशेषतया उसके पितामह द्वारा उसके अंदर जो मूल्य विकसित किए गए थे, अपनी उन पारंपरिक भारतीय जड़ों को अनदेखा नहीं किया था। वह संक्षिप्त ध्यान के साथ अपने दिन की शुरुआत करती थी और उसने व्यापार जगत् के कर्मचारियों में आधारिक प्रसन्नता प्रदान करनेवाले 'आर्ट ऑफ लिविंग' (जीने की कला) जैसे कार्यक्रम का प्रसार भी किया था। उसने तनावमुक्त रहने के

लिए श्वासाधारित प्राणायाम एवं ध्यान की तकनीकों के प्रसार में भी रुचि दिखाई थी। स्मरण रहे कि इस क्षेत्र के कर्मचारियों में निम्नस्तरीय कार्यप्रदर्शन (परफोर्मेंस) का मुख्य कारण तनाव था, वह स्पष्ट कहती है—"यदि मुझे दस वर्ष पूर्व इस बात का ज्ञान होता कि अब मैं क्या जानती हूँ, मैं अपने अनेक व्यापारिक निर्णय उसी ज्ञान के आधार पर लेती। इस प्रक्रिया का उल्लेख वह 'आंतरिक स्वच्छता प्रक्रिया' के रूप में करती है, वह कहती है, "यह एक विचारोत्तेजक समय है और मैं समझती हूँ कि हम सभी इसके अंग हैं।" और यही मेरे लिए आध्यात्मिकता का सर्वाधिक सशक्त स्वरूप है, आंतरिक चेतना के कायाकल्प का यही एक तरीका है और आप उसे परिवर्तित करने के अनेकानेक उपाय अपनाते हैं।"

उसने अनुभव किया है कि यही भारतीय श्वसन प्रक्रियाएँ अत्यंत शक्तिशाली हैं, क्योंकि ये कठोर निर्णयों को कोमल उत्तेजना के साथ लेने में सहायक हैं, वह बताती है—"ध्यान एवं प्राणायाम के माध्यम से आप चीजों को अधिक एकीकृत, अधिक पवित्रता और अधिक दयालुता के साथ देखना प्रारंभ करते हैं और मैं नहीं देखती कि दोनों में अंततः किसी प्रकार का कोई विरोधाभास है।"

उसने अनुभव किया है कि यही भारतीय श्वसन प्रक्रियाएँ अत्यंत शक्तिशाली हैं, क्योंकि ये कठोर निर्णयों को कोमल उत्तेजना के साथ लेने में सहायक हैं, वह बताती है—"ध्यान एवं प्राणायाम के माध्यम से आप चीजों को अधिक एकीकृत, अधिक पवित्रता और अधिक दयालुता के साथ देखना प्रारंभ करते हैं और मैं नहीं देखती कि दोनों में अंततः किसी प्रकार का कोई विरोधाभास है।" वह कहती है कि श्वसन की यही शक्तिशाली प्रविधियाँ आपको यह जानने में सहायक होती हैं कि आपको किसे कितना महत्त्व देना है। वह स्वीकार करती है कि उसने अपनी चिंतन प्रक्रिया को कंपनी के मुनाफे से हटाकर लोगों को प्रभावित करनेवाले सरोकारों की ओर मोड़ दिया और

इससे कंपनी के साथ-साथ उससे जुड़े लोगों को भी लाभ हुआ। आप किसी संतुष्ट टीम के बिना उच्च कार्यप्रदर्शन सुनिश्चित नहीं कर सकते। वह 'आर्ट ऑफ लिविंग' के पाठयक्रमों से इतनी उत्साहित है कि उसकी बेटी लीटा को उपहार के रूप में याले में प्रवेश मिल गया। वह स्वीकार करती है कि किसी बच्चे के सम्यक् विकास की यह एक पूर्व शर्त है कि उसे तनाव से निपटना सिखाया जाना चाहिए। इससे गणित अथवा व्याकरण अथवा विज्ञान में उसकी संभावनाएँ बेहतर होंगी, बजाय इसके कि आप उठते-बैठते उसे इन विषयों को पढ़ाते रहें।

> ***चंद्रिका कला के उद्‌देश्यों को समर्थन देना जारी रखती है, इस उद्‌देश्य की पूर्ति हेतु उसने 'लीग ऑफ आर्टिशंस' नामक संगठन की स्थापना की है, जिसका लक्ष्य ऐसा एकीकरणीय मंच उपलब्ध कराना है, जो शिल्प के क्षेत्र को ऐसी नीतियाँ उपलब्ध कराए"***

चंद्रिका कला के उद्‌देश्यों को समर्थन देना जारी रखती है, इस उद्‌देश्य की पूर्ति हेतु उसने 'लीग ऑफ आर्टिशंस' नामक संगठन की स्थापना की है, जिसका लक्ष्य ऐसा एकीकरणीय मंच उपलब्ध कराना है, जो शिल्प के क्षेत्र को ऐसी नीतियाँ उपलब्ध कराए, जिससे टिकाऊ व्यापारिक उद्यम बनाए जा सकें और उसके कार्य संचालन क्षेत्र का विस्तार हो सके। इस क्षेत्र में उसके द्वारा किए गए काम की बदौलत उसे 'भारत-अमेरिकी कला परिषद् बोर्ड' की सदस्यता प्राप्त हुई। यह संस्था अमेरिका में भारतीय कला रूपों के उत्थान के क्षेत्र में काम करती है, वह न्यूयॉर्क विश्वविद्यालय के अधीन 'स्टर्न स्कूल ऑफ बिजनेस' की आवासीय अधिशासी भी है। उसने वंचित लोगों के लिए उत्तम जीविका, महिलाओं, खासतौर से भारत में शहरी और ग्रामीण क्षेत्रों में काम करनेवाली गरीब महिलाओं के उत्थान जैसे अनेक परोपकारी कार्य अपने हाथ में लिये हैं, इनके कार्यान्वयन हेतु उसने 'अमेरिकन इंडिया फाउंडेशन' की स्थापना की है, वह इस संगठन की बोर्ड सदस्य एवं न्यासी भी है। चंद्रिका ने रंजन टंडन नामक

एक पंजाबी से विवाह किया है, वह लिब्रा इन्वेस्टर्स के प्रमुख हैं, जो बड़े बचाव कोष का संचालन करती है, उसकी बेटी लीटा याले विश्वविद्यालय में शिक्षा ग्रहण कर रही है।

उसके तीन बच्चों के पत्राधान (पोर्टफोलियो) को देखते हुए कहा जा सकता है कि शांता जैसी प्रसन्न आत्मा और कोई नहीं हो सकती, वह ईश्वर के प्रति कृतज्ञ है कि उसने उसे ऐसे प्रतिभावान बच्चे दिए, जो इतनी बड़ी दुनिया में अपनी जगह बनाने में सफल हुए और इस प्रक्रिया में उन्होंने अपनी अमिट छाप छोड़ी।

□

रूपरेखा

प्रत्येक व्यक्ति किसी से तभी प्रभावित तथा प्रेरित होता है, यदि वह गुणवान हो, जहाँ तक इंदिरा के. नूई की बात है, उसे डॉ. मार्टिन लूथर किंग जूनियर के एक छोटे से भाषण 'आपके जीवन की योजना क्या है ?' से प्रेरणा प्राप्त हुई; डॉ. किंग ने अमेरिकी इतिहास में अनेक मनमोहक वक्तव्य दिए थे और उनमें से अधिकतर वक्तव्य राजनीतिक क्षेत्र के थे, परंतु यह भाषण भिन्न है और यह व्यक्तिगत श्रेणी में आता है। उन्होंने यह भाषण अपनी मृत्यु से छह माह पूर्व 26 अक्तूबर, 1967 को दिया था। उन्होंने यह भाषण फिलाडेल्फिया में बराट जूनियर हाई स्कूल के किशोरों के समक्ष दिया था। इंदिरा ने अपने साक्षात्कारों में इस भाषण का उल्लेख कई बार किया था, वह कहती है कि इस भाषण को वह सप्ताह में एक या दो बार अवश्य पढ़ती है। वह बताती है कि यह वक्तव्य छोटा और मात्र छह पैराग्राफ का है, परंतु अत्यंत बुद्धिमत्तापूर्ण है। वह उनके इस छोटे से भाषण के अंतिम दो वाक्यांशों से विशेष रूप से प्रभावित हुई और उसके उल्लेख के माध्यम से इस अवसर का लाभ उठाना चाहती है, क्योंकि किसी पुस्तक का उद्देश्य पाठक के जीवन को प्रभावित करनेवाला होना चाहिए और लेखक महसूस करता है कि यह कार्य डॉ. किंग के भाषण के दो वाक्यांशों को शामिल करके अच्छी तरह किया जा सकता है—

"…आपके जीवन की कार्ययोजना में आधारभूत सिद्धांत यह है कि आप जिन विभिन्न क्षेत्रों में प्रयास कर रहे हैं, उनमें उत्कृष्टता प्राप्त करने हेतु

आपको दृढ़ निश्चयी होना चाहिए, आनेवाले वर्षों में आप इस बात का निर्णय करने जा रहे हैं कि आप जीवन में क्या करेंगे और आपके जीवन का लक्ष्य क्या होगा, एक बार यदि आपने अपने कार्य का निर्णय कर लिया तो उसे न केवल करें, बल्कि उत्तम ढंग से करें।"

"और जब आप यह निर्णय कर लें कि आपको जीवन में क्या बनना है तो यह मानकर कार्य करें, मानो सर्वशक्तिमान परमेश्वर ने आपको इतिहास में इसी विशेष कार्य हेतु बुलाया है। उस काम को आप इतनी अच्छी तरह करें कि कोई अन्य जीवित, मृत अथवा अजन्मा व्यक्ति आपसे अधिक अच्छा न कर सके।"

"और जब आप यह निर्णय कर लें कि आपको जीवन में क्या बनना है तो यह मानकर कार्य करें, मानो सर्वशक्तिमान परमेश्वर ने आपको इतिहास में इसी विशेष कार्य हेतु बुलाया है। उस काम को आप इतनी अच्छी तरह करें कि कोई अन्य जीवित, मृत अथवा अजन्मा व्यक्ति आपसे अधिक अच्छा न कर सके।"

इन वाक्यों के समर्थन में डॉ. किंग इन शब्दों में तर्क देते है, "यदि आपके भाग्य में गली स्वच्छक (स्ट्रीट स्वीपर) होना लिखा है तो गलियों को इस तरह साफ करें, जैसे माइकल एंजेलो चित्र बनाते थे, गलियों को इस तरह साफ करें, जैसे बीथोवन संगीत बनाते थे, गलियों को इस तरह साफ करें, जैसे शेक्सपियर कविता लिखते थे, गलियों को इतनी अच्छी तरह साफ करें कि स्वर्ग और धरती के लोग देखकर कहें—यहाँ यह महान् स्वच्छताकर्मी रहता है।"

इंदिरा अपनी भेंटवार्त्ताओं में अकसर बताती है कि इस भाषण का उस पर व्यापक प्रभाव पड़ा, इसीलिए वह अपनी संपूर्ण योग्यता कंपनी को समर्पित करना चाहती थी, क्योंकि यही उसके जीवन की रूपरेखा थी।

इंदिरा को जब पेप्सीको से प्रस्ताव मिला तो उसके मन में अनेक विचार आए। वह रणनीतिक पृष्ठभूमि से आई थी, इसका अर्थ था कि उसे

सीधे किसी ब्रांड के प्रबंधन का दायित्व नहीं सौंपा जानेवाला था और वह अपने अनेक अन्य साथियों की भाँति कोई विक्रय व्यक्ति (सेल्सपर्सन) नहीं थी। संचालन और विपणन में लगे लोगों के समक्ष केवल त्रैमासिक लक्ष्य पूरा करने और मौजूदा बाजारों के प्रसार की चिंता होती थी। इसके विपरीत, निगमित (कॉरपोरेट) रणनीतिज्ञ को अनिवार्यतः कंपनी को उन क्षेत्रों में पहुँचाने और स्थापित करने की रणनीति बनानी होती है, जो अभी तक उससे अछूते थे या संभवतः आगामी कई वर्षों तक अछूते रह सकते हैं, यह कार्य किसी दृष्टि के बिना नहीं किया जा सकता था और दृष्टि भी ऐसी होनी चाहिए थी, जो संवाद कौशल एवं योग्यता के साथ संपृक्त होकर लोगों को उसके उत्पाद की ओर देखने हेतु आकर्षित कर सके। उसके मन में यह बात बैठ गई थी कि उसे पेप्सीको को 'दुनिया की सर्वश्रेष्ठ खाद्य एवं पेय कंपनी' बनाने के लिए काम करना है।

वह कहती है कि यदि आपको यह ज्ञात हो कि आपको उस कंपनी को पाँच या छह वर्षों तक चलाना है तो आप उसे आत्मविश्वासपूर्वक चला सकती हैं। इसके लिए आप उसका निवेश घटा सकती हैं, खर्चों में कमी ला सकती हैं और निर्धारित अवधि तक किसी तरह उसे चला सकती हैं।

वह कहती है कि यदि आपको यह ज्ञात हो कि आपको उस कंपनी को पाँच या छह वर्षों तक चलाना है तो आप उसे आत्मविश्वासपूर्वक चला सकती हैं। इसके लिए आप उसका निवेश घटा सकती हैं, खर्चों में कमी ला सकती हैं और निर्धारित अवधि तक किसी तरह उसे चला सकती हैं। बहरहाल यदि आप वास्तव में यह सोचती हैं कि आपको कई दशकों तक कंपनी को चलाना है और आप आगामी पीढ़ियों के लिए कंपनी का संचालन अपने हाथ में लेने जा रही हैं अथवा उसका नेतृत्व करने जा रही हैं तो आपका दृष्टिकोण उपरोक्त युक्तियों से सर्वथा भिन्न होगा। इस मनःस्थिति में आपको हमेशा यह सोचते रहना होगा कि भविष्य में आपकी कार्ययोजना क्या होगी और उसका

कंपनी के कार्यप्रदर्शन पर कैसा प्रभाव पड़ेगा और आप कंपनी को कोई नया रूप कैसे प्रदान करेंगी? आप अपनी कंपनी को इसी दृष्टिकोण के साथ भविष्य के लिए तैयार करेंगी।

जब इंदिरा ने पेप्सीको में जाने का निर्णय लिया तो उसके मन में यही आभास था कि कंपनी के आगामी रुझान कैसे होने चाहिए और यह कि उन रुझानों का कंपनी पर कितना नकारात्मक प्रभाव पड़ेगा, इन्हीं विचारों के आधार पर उसने अपनी कार्य योजना तथा चिंतन को आगे बढ़ाया कि कंपनी को भविष्य की आवश्यकताओं के अनुसार रूपांतरित करना होगा! इसका परिणाम यह हुआ कि उसने ऐसे उद्देश्य और जीवन की रूपरेखा निर्मित की, जिसका एकमात्र लक्ष्य उसके लिए यह था कि वह ऐसी कंपनी बनाए, जिसे दशकों तक चलाया जा सके। जब वह पीछे मुड़कर कंपनी में अपने कार्यप्रदर्शन को देखती है तो इस बात से संतुष्ट होती है कि उसकी सोच सही थी और उसने कंपनी में जो परिवर्तन किए, उससे उसके उत्तराधिकारी सफल रहे थे। वह कहती हैं कि आपकी सफलता को मापने का पैमाना इस तथ्य में निहित है कि जिस कंपनी को आपने छोड़ा, वह वर्तमान में कैसी चल रही है और वह अपने उत्कृष्ट स्वरूप, प्रभावशाली कारोबार और विपणित उत्पादों के साथ कैसा प्रदर्शन कर रही है?

जब इंदिरा ने पेप्सीको में जाने का निर्णय लिया तो उसके मन में यही आभास था कि कंपनी के आगामी रुझान कैसे होने चाहिए और यह कि उन रुझानों का कंपनी पर कितना नकारात्मक प्रभाव पड़ेगा, इन्हीं विचारों के आधार पर उसने अपनी कार्य योजना तथा चिंतन को आगे बढ़ाया कि कंपनी को भविष्य की आवश्यकताओं के अनुसार रूपांतरित करना होगा!

इंदिरा कहती है कि उसने पेप्सीको में प्रवेश करते समय निर्णय लिया था कि लोग उसे उसके प्रतिदिन अथवा प्रतिवर्ष के काम के आधार पर नहीं,

बल्कि इस रूप में जानें कि वह अपने पीछे क्या छोड़कर आई है, क्योंकि वह जानती थी कि लोग उसके कंपनी छोड़ने के बाद वर्षों उसकी चर्चा करेंगे। अपनी बात समाप्त करते हुए वह कहती है, "आप अपने काम को इतनी अच्छी तरह करें कि कोई जीवित, मृत अथवा अजन्मा व्यक्ति उससे अच्छा न कर सके और मुझे काम करने का इससे अच्छा कोई अन्य तरीका नहीं आता है।"

वर्ष 1994 में 'पेप्सीको' में प्रवेश इंदिरा के जीवन में मील के पत्थर जैसा था, उसने नैगमिक रणनीति तथा विकास विभाग में वरिष्ठ उपाध्यक्ष (सीनियर वाइस-प्रेसीडेंट) के रूप में कंपनी में प्रवेश किया और सीधे सी.ई.ओ. (चीफ एग्जीक्यूटिव ऑफिसर) रोजर एनरिको के अधीन काम करने लगी।

वर्ष 1994 में 'पेप्सीको' में प्रवेश इंदिरा के जीवन में मील के पत्थर जैसा था, उसने नैगमिक रणनीति तथा विकास विभाग में वरिष्ठ उपाध्यक्ष (सीनियर वाइस-प्रेसीडेंट) के रूप में कंपनी में प्रवेश किया और सीधे सी.ई.ओ. (चीफ एग्जीक्यूटिव ऑफिसर) रोजर एनरिको के अधीन काम करने लगी।

ए.बी.बी. में काम करते समय इंदिरा ने उत्तरी अमेरिका में कंपनी के लाभ को बढ़ाने के लिए अपने कौशल का प्रदर्शन किया था, जिसने दो महान् अधिकारियों—जनरल इलेक्ट्रिक के जैक वेल्श और पेप्सीको के वायनी कैलोवे का ध्यान अपनी ओर आकृष्ट किया था। उन दोनों ने इंदिरा को नौकरी का प्रस्ताव दिया था। एक साक्षात्कार में इंदिरा कहती है कि दोनों लोग एक-दूसरे को अच्छी तरह जानते थे, परंतु कैलोवे ने अधिक आकर्षक प्रस्ताव दिया। उन्होंने इंदिरा से कहा था कि उन्हें यह ज्ञात है कि वेल्श अच्छे सी.ई.ओ. थे, परंतु उन्हें मेरे जैसे किसी व्यक्ति की आवश्यकता थी और उन्होंने मुझे यह भी वचन दिया कि वह मेरे लिए पेप्सीको को विशेष स्थान बनाएँगे।

व्यक्तिगत तौर पर इंदिरा अपने कठिन दौर से गुजर रही थी, क्योंकि

उसके ऊपर घरेलू जिम्मदारियाँ थीं, उसे अपनी दो बेटियों की देखभाल करनी थी और अपेक्षाकृत एक युवा वरिष्ठ अधिकारी के रूप में उसे जीवन में आगे बढ़ते हुए अपनी छाप छोड़नी थी। इंदिरा स्वीकार करती है, "आप इस तथ्य से तो दूर भाग सकती हैं कि आप एक नैगमिक कार्यकारी हैं, परंतु आप इस तथ्य से दूर नहीं जा सकतीं कि आप एक माँ हैं; एक माँ और एक अधिकारी के रूप में माँ की भूमिका का स्थान पहले आता है।" वह ऐसी स्थिति में थी, जहाँ इसके अतिरिक्त कोई अन्य उपाय नहीं था कि वह अपने जीवन के व्यक्तिगत एवं व्यावसायिक पक्षों को एक बड़े छिद्र के दो भागों में देखे, यद्यपि कार्य करते समय भी वह अपने पारिवारिक जीवन से पूर्णतया अलग-थलग नहीं रह सकती थी। वह कहती है कि जो लोग यह सोचते हैं कि वे घर आने के बाद अपनी कामकाजी जिंदगी को ऑफिस में छोड़ सकते हैं तो उनकी बात मुझे बड़ी बेतुकी लगती है, लोग अपनी घरेलू जिंदगी का सारा नहीं तो कुछ भाग अपने साथ अपने कार्यालय में लाने से बच नहीं सकते। ऐसा इसलिए संभव नहीं है, क्योंकि दोनों पक्ष अविभाज्य रूप से अंतर्गुंफित हैं, तदापि स्थान निर्धारित करता है कि आप किस पर अधिक बल देने जा रही हैं।

आप इस तथ्य से तो दूर भाग सकती हैं कि आप एक नैगमिक कार्यकारी हैं, परंतु आप इस तथ्य से दूर नहीं जा सकतीं कि आप एक माँ हैं; एक माँ और एक अधिकारी के रूप में माँ की भूमिका का स्थान पहले आता है।

पेप्सीको में अपने कार्यकाल के दौरान एक बार उसने कहा था, "मैं अपने परिवार से प्यार करती हूँ, परंतु पेप्सीको भी मेरा बच्चा है, यही कारण है कि उसे मैं केवल अपनी नौकरी के रूप में नहीं देखती हूँ, वास्तव में मैं अपने काम को अत्यंत प्रसन्नतादायक मानती हूँ।"

पेप्सीको का मुख्यालय न्यूयॉर्क के परचेज क्षेत्र में एक हरित पर्वत शिखर पर स्थित है, कभी वहाँ पोलो क्लब का मैदान हुआ करता था। कार्यालय परिसर का डिजाइन एडवर्ड ड्यूरेल स्टोन द्वारा 1970 में बनाया

गया था, जिसमें सात अलग-अलग स्वतंत्र भवन किनारे से आपस में जुड़े हुए हैं; वे किसी मीठे पेय तथा नमकीन नाश्ता बनानेवाली कंपनी के कार्यालय की अपेक्षा सरकारी कार्यालय अधिक प्रतीत होते हैं। यदि आप उसे ध्यान से देखेंगे तो आपको वहाँ द्वार पर लगे एक झंडे को छोड़कर और कोई चिह्न नहीं मिलेगा, जिससे पता चले कि यह एक विख्यात ब्रांड का केंद्रीय कार्यालय है।

कार्यालय परिसर आपको शांत दिखाई पड़ सकता है, फिर भी वहाँ अनेक धड़कनें सुनाई पड़ती हैं, क्योंकि उसी स्थान पर नेस्ले के बाद अमेरिका में दुनिया की दूसरी विशालतम खाद्य एवं पेय निर्माता कंपनी पेप्सीको के सभी महत्त्वपूर्ण निर्णय लिये जाते हैं। यदि अर्थव्यवस्था के आकार के आधार पर विचार किया जाए तो उसकी अर्थव्यवस्था कई देशों की अर्थव्यवस्था के मध्य समादृत स्थान पा सकती है। इस बात में कुछ संशय है कि कंपनी का मुख्य उत्पाद पेप्सी सदैव कोका-कोला के बाद दूसरे पायदान पर माना जाता है, परंतु उसका 'फ्रिटो ले' संभाग अपने निकटतम प्रतिद्वंद्वी डायमंड फूड्स इंक. से दस गुना बड़ा है, चाहे आप बाजार में जाएँ अथवा मॉल में, आप देखेंगे कि पेप्सी के उत्पाद बड़े गर्व के साथ सजाए गए होते हैं और यदि आज कोई व्यक्ति पेप्सी उत्पादों को खाने के लिए अपना पारंपरिक नाश्ता छोड़ देता है तो इसका श्रेय स्पष्टतः पेप्सीको को दिया जाना चाहिए और अब बदलती परिस्थितियों के अनुकूल कंपनी को अपनी रणनीति बदलने के लिए इंदिरा की सेवाओं की आवश्यकता है।

> ***कार्यालय परिसर आपको शांत दिखाई पड़ सकता है, फिर भी वहाँ अनेक धड़कनें सुनाई पड़ती हैं, क्योंकि उसी स्थान पर नेस्ले के बाद अमेरिका में दुनिया की दूसरी विशालतम खाद्य एवं पेय निर्माता कंपनी पेप्सीको के सभी महत्त्वपूर्ण निर्णय लिये जाते हैं।***

कैलोवे इसी उद्देश्य से इंदिरा को वहाँ लाए थे, ताकि उसे पेप्सीको में वह महत्त्वपूर्ण दायित्व सौंपा जा सके। कंपनी पहले भी अपने शीतल पेय

कारोबार के लिए प्रसिद्ध थी और अब भी है, जिसमें बोतलवाले पेय और कांसेंट्रेट (सांद्र) दोनों शामिल हैं। दो विख्यात प्रतिद्वंद्वियों कोका-कोला और पेप्सीको ने शीतल पेयों को इतने बड़े पैमाने पर लोकप्रिय बनाया है कि जब कभी आपका शीतल पेय पीने का मन होता है तो आपके मन में सबसे पहले इन्हीं दोनों का नाम आता है। चूँकि हमारा संबंध पेप्सीको से अधिक है, इसलिए आइए, हम उसके इतिहास के विषय में संक्षेप में जानें, क्योंकि इसकी कहानी बड़ी दिलचस्प है। इससे आपको उन परिस्थितियों के अंदर झाँकने का अवसर मिलेगा, जिनमें इंदिरा नूई ने पदभार ग्रहण किया था।

शीतल पेय पेप्सी का विकास दवा निर्माता एवं कारोबारी कैलेब ब्रैडहैम द्वारा सन् 1898 में पेप्सी-कोला के नाम से किया गया था। उन्होंने इसे उत्तरी कैरोलिना स्थित अपनी फार्मेसी (दवाखाना) से बेचना प्रारंभ किया था। इस कारोबार को फायदेमंद पाने के बाद उन्होंने सन् 1902 में एक कंपनी बनाई और अपनी प्रविधि (रेसिपी) के रूप में सन् 1993 में उसके पेटेंट (पूर्णाधिकार) का पंजीयन कराया। प्रथम विश्वयुद्ध के अंतिम चरण में सन् 1919 में उसका समावेशन हुआ, परंतु उसी समय कोला के सर्वाधिक महत्त्वपूर्ण संघटक चीनी की राशनिंग शुरू हो गई, जिसके परिणामस्वरूप कंपनी को काफी समस्याओं का सामना करना पड़ा। तदनंतर कोला को दिवालिया घोषित करके ब्रैडहैम को अपने दवा के कारोबार में वापस लौटना पड़ा। कोला ने सन् 1923 में एक बार पुनः सूर्योदय तब देखा, जब कंपनी का ट्रेडमार्क और उसकी गुप्त रेसिपी को क्रेवन होल्डिंग कॉरपोरेशन द्वारा खरीद लिया गया और सन् 1931 में एक बार फिर उसका स्वामित्व बदला तथा तब उसे रॉय मेगारगेल एंड चार्ल्स गुथ ने खरीद लिया था। गुथ लॉफ्ट इंक. के प्रेसीडेंट थे, जो कैंडी के निर्माता थे,

शीतल पेय पेप्सी का विकास दवा निर्माता एवं कारोबारी कैलेब ब्रैडहैम द्वारा सन् 1898 में पेप्सी-कोला के नाम से किया गया था। उन्होंने इसे उत्तरी कैरोलिना स्थित अपनी फार्मेसी (दवाखाना) से बेचना प्रारंभ किया था।

जिसके उस समय अमेरिका में 115 स्टोर चल रहे थे, अपनी प्रयोगशाला में उन्होंने पेप्सी की रेसिपी दोबारा तैयार की। उन्होंने अपने स्टोरों (दुकानों) में कोका-कोला के स्थान पर पेप्सी-कोला की बिक्री प्रारंभ कर दी। अब वह अपने नए ब्रांड का सक्रिय संवर्धन करने लगे।

सन् 1941 में गुथ बनाम लॉफ्ट इंक. के ऐतिहासिक मुकदमे के बाद गुथ ने पेप्सी-कोला को लॉफ्ट में समाहित करने के बाद उसका नाम 'पेप्सी-कोला' कंपनी रख दिया। इस समय तक लॉफ्ट रेस्टोरेंट एवं स्टोरों की संख्या काफी बढ़ गई थी। सन् 1960 के दशक में कंपनी का विस्तार हुआ और उसने 'डाइट पेप्सी' को बाजार में उतारने के बाद 'माउंटेन डिउ' का अधिग्रहण कर लिया। सन् 1965 में पेप्सी-कोला कंपनी का फ्रिटो-ले, इंक. में विलय हो गया और उसका नया नाम 'पेप्सीको इंक' हो गया। इसकी स्थापना डेलावेयर राज्य में की गई, जिसका मुख्यालय मैनहट्टन, न्यूयॉर्क में बनाया गया। इसके मुख्यालय को सन् 1970 में उसके वर्तमान स्थान न्यूयॉर्क के 'परचेज' नामक स्थान पर पुनर्स्थापित किया गया। कंपनी का उत्तरी कैरोलिना राज्य में सन् 1986 में पुनर्निगमीकरण (रि-इन्कॉरपोरेशन) किया गया, उसने अपने शेयरों को न्यूयॉर्क स्टॉक एक्सचेज से हटाकर सन् 2017 में नैसडैक में स्थानांतरित कर दिया।

सन् 1941 में गुथ बनाम लॉफ्ट इंक. के ऐतिहासिक मुकदमे के बाद गुथ ने पेप्सी-कोला को लॉफ्ट में समाहित करने के बाद उसका नाम 'पेप्सी-कोला' कंपनी रख दिया। इस समय तक लॉफ्ट रेस्टोरेंट एवं स्टोरों की संख्या काफी बढ़ गई थी।

अपने प्रारंभिक चरणों में पेप्सीको शीतल पेय का कारोबार करती थी, परंतु सन् 1970 से 1990 के दौरान उसका अधिग्रहण का दौर चला और उसने अपने डिब्बा बंद खाद्य एवं पेय उत्पादों के मूल व्यापार से इतर कारोबारों का अधिग्रहण किया।

यही वह समय था, जब इंदिरा नूई सामने आई। उसने सन् 1994 में

कंपनी में प्रवेश किया, उसने कंपनी के सीनियर वाइस प्रेसीडेंट (वरिष्ठ उपाध्यक्ष), रणनीतिक योजना के पद पर काम शुरू किया और सन् 1996 से 2000 तक इस पद पर रही और इसके बाद उसने सीनियर प्रेसीडेंट, कॉरपोरेट एंड चीफ फाइनेंशियल ऑफिसर (वरिष्ठ अध्यक्ष, नैगमिक रणनीति एवं विकास तथा मुख्य वित्तीय अधिकारी) के रूप में भी कंपनी को अपनी सेवाएँ प्रदान कीं। इस प्रोन्नति ने उसे अमेरिकी कॉरपोरेट जगत् की भारतीय मूल की सर्वोच्च पदस्थ महिला बना दिया। एक वित्तीय वर्ष की चार तिमाहियों में लगातार निर्बाध रूप से कंपनी के राजस्व, लाभ एवं पूँजी में वृद्धि करके इंदिरा ने अपनी योग्यता प्रमाणित की। दिसंबर 2000 तक कंपनी के शेयर मूल्य में विगत वर्ष की तुलना में 40 प्रतिशत की वृद्धि हुई। ऐसी जबरदस्त कार्य-क्षमता ने उसे पुरस्कृत भी किया, वह सन् 2001 में पेप्सीको की अध्यक्ष एवं मुख्य वित्तीय अधिकारी बन गई। अपने इसी कार्यकाल के दौरान उसने कुछ ऐसे महत्त्वपूर्ण निर्णय लिये, जिनसे कंपनी की छवि पूर्णतया बदल गई। कंपनी के तत्कालीन मुख्य वित्तीय अधिकारी एनरिको रोजर ने घोषणा की, "पेप्सीको में इंदिरा का योगदान अतुलनीय रहा है और उसके अंदर कंपनी का अध्यक्ष बनने के सारे गुण विद्यमान हैं। अध्यक्ष एवं मुख्य वित्तीय अधिकारी के रूप में अपनी नई भूमिका के साथ-साथ इंदिरा को पेप्सी बोर्ड के चुनाव हेतु भी नामित किया जाएगा। हमारे विश्व-स्तरीय बोर्ड में यह एक उल्लेखनीय योग होगा और उसका दृष्टिकोण हमारे लिए बहुमूल्य होगा।"

पेप्सीको में इंदिरा का योगदान अतुलनीय रहा है और उसके अंदर कंपनी का अध्यक्ष बनने के सारे गुण विद्यमान हैं। अध्यक्ष एवं मुख्य वित्तीय अधिकारी के रूप में अपनी नई भूमिका के साथ-साथ इंदिरा को पेप्सी बोर्ड के चुनाव हेतु भी नामित किया जाएगा। हमारे विश्व-स्तरीय बोर्ड में यह एक उल्लेखनीय योग होगा और उसका दृष्टिकोण हमारे लिए बहुमूल्य होगा।

जिस समय उसने पेप्सीको में प्रवेश किया था, उस समय कंपनी के तीन खंड थे—शीतल पेय, नमकीन नाश्ते (जैसे फ्रिटो ले) एवं रेस्तराओं की शृँखलाएँ (जैसे पिज्जा हट, केंटुकी फ्राइड चिकन-केएफसी, टैको बेल एवं अन्य। रेस्तराँ कारोबार में सन् 1994 में कुछ गिरावट देखने को मिली, जबकि इससे पूर्व तक वह खूब फल-फूल रहा था। इस गिरावट के दृष्टिगत वेन कैलोवे के मन में इंदिरा की रणनीतिक विशेषताओं को परखने का विचार आया, रोजर एनरिको तब तक छुट्टियाँ मनाकर लौट चुके थे और उन्होंने रेस्तराँ शृंखला के प्रमुख का पद सँभाल लिया था।

रेस्तराँ शृंखला की त्रुटियों का पता लगाने और उसे वापस पटरी पर लाने का दायित्व अब रोजर और इंदिरा को सौंपा गया। दोनों के अंदर सबसे बड़ी कमी यह थी, उससे पहले वे रेस्तराँ के कारोबार में कभी नहीं रहे थे, अतः उनके समक्ष सबसे बड़ा काम उसका अध्ययन करके उन कारणों का पता लगाना था, जिसके कारण कारोबार में गिरावट आ रही थी।

रेस्तराँ शृंखला की त्रुटियों का पता लगाने और उसे वापस पटरी पर लाने का दायित्व अब रोजर और इंदिरा को सौंपा गया। दोनों के अंदर सबसे बड़ी कमी यह थी, उससे पहले वे रेस्तराँ के कारोबार में कभी नहीं रहे थे, अतः उनके समक्ष सबसे बड़ा काम उसका अध्ययन करके उन कारणों का पता लगाना था, जिसके कारण कारोबार में गिरावट आ रही थी। यह कैसे हो सकता था कि एक लाभप्रद कारोबार में अचानक गिरावट आनी शुरू हो जाए, उन्होंने शहर-दर-शहर रेस्तराओं का दौरा किया। इंदिरा कहती हैं, "हमें कुरेदने से सीखना था, हमारे मन में कोई पक्षपात नहीं था, हमारा कोई गुप्त कार्यक्रम नहीं था, हमारे पास बोझ ढोने जैसा कोई काम भी नहीं था, हमने शहर के प्रत्येक रेस्तराँ में जाकर केवल आमूलचूल निरीक्षण किया।"

अधिक समय तक यात्रा करना कष्टप्रद था, परंतु खामियों को समझने

के लिए ऐसा करना जरूरी भी था। वे केवल अपने रेस्तराओं की खामियों को खोजने तक ही सीमित नहीं रहे, वे प्रतिस्पर्द्धियों के रेस्तराओं में भी गए, वे उन चीजों का पता लगाने के लिए उत्सुक थे, जो एक के पक्ष में और दूसरे के विरुद्ध जा रही थीं। इंदिरा उन दिनों को स्मरण करती हैं, "घर के आगे क्या चल रहा है और घर के पीछे क्या हो रहा है, हमने हरेक चीज के बारे में पता लगाया। हमने गुणवत्ता, स्वच्छता सहित हरेक चीज का विवरण प्राप्त किया, हमने रेस्तराँ कारोबार की अर्थव्यवस्था को समझने का प्रयास किया, तत्पश्चात् हमने रेस्तराओं की संतृप्ति के पक्ष को समझने का प्रयास भी किया।"

यह समझने के लिए कि वे कौन से कारण थे, जो मुनाफे वाले कारोबार को घाटे में बदलकर प्रबंधन की चिंता बढ़ा रहे थे, उनका अध्ययन वर्तमान समय तक ही सीमित नहीं था, बल्कि वे अतीत में 1980 के दशक में भी गए, वे यह जानना चाहते थे कि क्या समूचे उद्योग में ही मंदी का दौर चल रहा था या इसका कारण रेस्तराओं का दोषपूर्ण संचालन था?

यह समझने के लिए कि वे कौन से कारण थे, जो मुनाफे वाले कारोबार को घाटे में बदलकर प्रबंधन की चिंता बढ़ा रहे थे, उनका अध्ययन वर्तमान समय तक ही सीमित नहीं था, बल्कि वे अतीत में 1980 के दशक में भी गए, वे यह जानना चाहते थे कि क्या समूचे उद्योग में ही मंदी का दौर चल रहा था या इसका कारण रेस्तराओं का दोषपूर्ण संचालन था? उन्होंने जो निष्कर्ष निकाला, उससे वास्तविक चित्र उनके सामने आ गया—रेस्तराँ कारोबार संतोषजनक था, इंदिरा याद करती हैं—"इस प्रकार के पक्षपात रहित आपादमस्तक विश्लेषण के कुछ उत्साजनक परिणाम निकले, मेरे लिए संभवत: बहुत दिनों बाद किया गया यह एक अच्छा काम था, जिससे हमें पता चला कि उद्योग फल-फूल रहा है और द्रुत सेवा उपलब्ध करानेवाले अनेक नए रेस्तराँ भी बन गए हैं।"

उन्होंने रेस्तराँ कारोबार के संचालन में पेप्सीको के तौर-तरीकों में खामी पाई, रेस्तराओं की संतृप्ति में क्रमिक वृद्धि के बावजूद ग्राहकों की संतुष्टि सुनिश्चित करने एवं उनकी बदलती आवश्यकताओं को पूरा करने के लिए कुछ खास नहीं किया जा रहा था। उन्होंने यह भी महसूस किया कि अनेक द्रुत सेवा रेस्तराँ खुल गए हैं, जबकि पेप्सीको कारोबार के इस पहलू पर ध्यान देने में विफल रही थी, कंपनी के लिए यह चिंताजनक स्थिति थी। इंदिरा इस स्थिति का वर्णन इन शब्दों में करती हैं, "यदि आपने इसे बनाया है तो आपको अपनी अवधारणा का भक्षण स्वयं करना होगा, लेकिन यदि आपने उसे नहीं बनाया है तो निश्चय ही कोई अन्य उसका भक्षण कर लेगा।" इंदिरा ने देखा कि अन्य लोग पहले ही इस अवसर का लाभ उठा रहे थे, फिर भी उन्हें अभी बहुत विलंब नहीं हुआ था।

> *उन्होंने रेस्तराँ कारोबार के संचालन में पेप्सीको के तौर-तरीकों में खामी पाई, रेस्तराओं की संतृप्ति में क्रमिक वृद्धि के बावजूद ग्राहकों की संतुष्टि सुनिश्चित करने एवं उनकी बदलती आवश्यकताओं को पूरा करने के लिए कुछ खास नहीं किया जा रहा था।*

उनके निष्कर्षों के आधार पर समूची रेस्तराँ नीति पर ध्यान देते हुए उसमें कुछ विशेष परिवर्तन करने की आवश्यकता थी। दोनों इस निष्कर्ष पर पहुँचे थे कि कोई संपत्ति आपको तभी लाभ पहुँचा सकती है, जब उसके सभी संभव पक्षों का पूर्णतया दोहन किया जाए। उसके पुनरुद्धार की कुंजी इस तथ्य में निहित थी कि प्रत्येक रेस्तराँ की क्षमता का अधिकतम उपयोग किया जाए। वह कहती हैं—"यदि आप पिज्जा हट पर ध्यान दें तो उसमें केवल लंच और डिनर मिलता था, उसमें नाश्ते की कोई व्यवस्था नहीं थी और यदि आप के.एफ.सी. को देखें तो उनमें हम चौबीसों घंटे के भोजनचक्र (साइकिल) का पालन नहीं कर रहे थे। इस स्थिति का सीधा अर्थ था कि रेस्तराओं की क्षमता का पूरा उपयोग नहीं किया जा रहा था और यह काम बिना किसी खास लागत के किया जा

सकता था। इसके अलावा अन्य उपाय भी थे, जिन्हें आसानी से अमल में लाया जा सकता था।"

उनके विश्लेषण में कुछ अन्य महत्त्वपूर्ण बिंदु भी सामने आए, जिन पर तत्काल ध्यान दिए जाने की आवश्यकता थी। ये बिंदु मुख्यतः फ्रेंचाइजी, जमीन-जायदाद और श्रम से संबंधित थे।

कंपनी के पास दसियों हजार रेस्तराँ थे, परंतु सभी का स्वामित्व कंपनी के पास नहीं था; उनमें से लगभग 40-50 प्रतिशत रेस्तराँ फ्रेंचाइजी (ठेका) के रूप में थे। उन्होंने महसूस किया कि ऐसे ठेके वाले रेस्तराओं में जानेवाले ग्राहक वहाँ से संतुष्ट होकर नहीं लौटते थे। इन दिनों ग्राहकों की संतुष्टि का स्तर बहुत बढ़ गया था, यहाँ तक कि मामूली वाद-विवाद भी असंतोष का कारण बन जाता था, इंदिरा और रोजर ने इन पक्षों के समाधान पर विचार किया। श्रमशक्ति की गुणवत्ता गंभीर विषय बन गई थी, यदि कंपनी उन सभी रेस्तराओं को अपने स्वामित्व में लेने का विचार करती तो केवल रेस्तराँ कारोबार में 5 लाख लोगों को नियुक्त करने की आवश्यकता पड़ती, परंतु वे भी कंपनी की सीमाओं को जानते थे, क्योंकि वह कोई बड़ी श्रम-प्रबंधन कंपनी नहीं थी।

> *कंपनी के पास दसियों हजार रेस्तराँ थे, परंतु सभी का स्वामित्व कंपनी के पास नहीं था; उनमें से लगभग 40-50 प्रतिशत रेस्तराँ फ्रेंचाइजी (ठेका) के रूप में थे। उन्होंने महसूस किया कि ऐसे ठेके वाले रेस्तराओं में जानेवाले ग्राहक वहाँ से संतुष्ट होकर नहीं लौटते थे।*

इसी से संबद्ध जरूरी मुद्दा जमीन-जायदाद से जुड़ा था। वह ऐसा समय था, जब स्थान की कमी शिद्दत से महसूस की जा रही थी, क्योंकि सभी रेस्तराँ उत्तम अवस्थितियों में स्थित नहीं थे, जहाँ पर्याप्त संख्या में ग्राहकों की आवाजाही सुनिश्चित की जा सके। इंदिरा कहती हैं, "कागजों में सभी संपत्तियों में लगी पूँजी का स्वामित्व पेप्सीको के पास था।" लेकिन कंपनी से जुड़े रेस्तराओं की संख्या बहुत बड़ी थी और इनमें कंपनी के स्वामित्व वाले

और फ्रेंचाइजी दोनों प्रकार के रेंस्तराँ शामिल थे, जिनके विषय में महत्त्वपूर्ण निर्णय लिया जाना था।

इंदिरा व रोजर ने साथ बैठकर विचार किया और इस निष्कर्ष पर पहुँचे कि उन्हें ऐसा निर्णय लेना होगा, जिसमें इन सभी मुद्दों का समाधान एक झटके में हो जाए; उनका निष्कर्ष यह था कि रेस्तराओं की सभी शृंखलाओं को तेजी से घुमाया जाए। इसका सामान्य अर्थ यह था कि कंपनी की परिसंपत्तियों को एक झटके में 30 अरब डॉलर से घटाकर 20 अरब डॉलर कर दिया जाए। यह निष्कर्ष प्रारंभ में कठोर दिखाई पड़ा, परंतु इस प्रकार की उग्र परिस्थितियों में उसका समाधान भी उग्र ही होता है। बहरहाल, इतने बड़े आकार का निर्णय लेने से पूर्व प्रबंधन की मंजूरी की आवश्यकता थी और मंजूरी प्राप्त करना आसान नहीं था। अतः इस मुद्दे पर अधिक चिंतन एवं योजना बनाने की आवश्यकता थी। इंदिरा और रोजर, दोनों इस बात पर सहमत थे कि वे सर्वाधिक पर्याप्त निष्कर्ष पर पहुँच चुके थे कि उन्हें इसे अमल में लाने के लिए प्रबंधन को राजी करना जरूरी था, जो कोई आसान कार्य नहीं था। अतः प्रबंधन के समक्ष अपना निष्कर्ष रखने से पूर्व दोनों ने खूब सोच-विचार किया। रोजर थोड़ा निराश थे, क्योंकि उन्हें प्रबंधन से स्वीकृति मिलने की आशा नहीं थी, परंतु इंदिरा पूर्णतया आश्वस्त थी। यह उसकी पहली बड़ी प्रस्तुति थी, जिससे यह तय होनेवाला था कि आनेवाले समय में प्रबंधन उसके विषय में क्या सोचेगा? उसके लिए यह 'करो या मरो' वाली स्थिति थी।

इंदिरा व रोजर ने साथ बैठकर विचार किया और इस निष्कर्ष पर पहुँचे कि उन्हें ऐसा निर्णय लेना होगा, जिसमें इन सभी मुद्दों का समाधान एक झटके में हो जाए; उनका निष्कर्ष यह था कि रेस्तराओं की सभी शृंखलाओं को तेजी से घुमाया जाए।

समस्या यह थी कि रेस्तराँ कारोबार से वेन कैलोवे और जॉन केंडाल सहित कंपनी के कुछ निदेशकों का भावनात्मक लगाव था और कारोबार बंद

(स्पिन ऑफ) करने के मामले में उनकी असहमति से समाधान अवरुद्ध हो सकता था। इंदिरा कहती हैं, "…हमारे लिए ऐसा निर्णय लेना अत्यंत कष्टप्रद था, उसके पीछे हमारी कोई निहित भावना नहीं थी, हमने कहा कि कारोबार को आगे बढ़ाना सरल है, बजाय इसके कि किसी कारोबार को बेच देना या उसे बंद कर देना सरलतम उपाय है, अतः हमारे पास जो भी है, उसे आगे बढ़ाने का हमें हर संभव प्रयास करना चाहिए।"

बोर्ड की बैठक में इंदिरा ने अपनी प्रस्तुति दूसरे तरीके से दी। उसने जो कुछ करने का निर्णय लिया था, वह उसके विपरीत बोली, वह जानती थी कि विचार जितना उत्तम है, लोगों को उस विचार से राजी कर पाना उतना ही कठिन है। उसने कहा कि उनके पास शानदार ब्रांड थे और वे रेस्तराँ के कारोबार को बंद करने की बजाय सचमुच आगे बढ़ाना चाहते थे। ठीक उसी समय उसने समर्थक आँकड़ों और दस्तावेजों की सहायता से सिद्ध कर दिया कि रेस्तराँ कारोबार अभिभावक कंपनी के लिए समस्या उत्पन्न कर रहा है। यह ऐसी स्थिति थी, मानो खेत को खुद उसकी बाड़ ही खा रही हो!

बोर्ड की बैठक में इंदिरा ने अपनी प्रस्तुति दूसरे तरीके से दी। उसने जो कुछ करने का निर्णय लिया था, वह उसके विपरीत बोली, वह जानती थी कि विचार जितना उत्तम है, लोगों को उस विचार से राजी कर पाना उतना ही कठिन है। उसने कहा कि उनके पास शानदार ब्रांड थे और वे रेस्तराँ के कारोबार को बंद करने की बजाय सचमुच आगे बढ़ाना चाहते थे।

सहमति बनाने में बड़े कौशल की आवश्यकता होती है और इंदिरा अपनी रणनीति के प्रति पूर्णतया आश्वस्त थी। इसके बाद उसने बोर्ड को यह बताए बिना कि वह उसे बंद करने का सुझाव देनेवाली थी, कारोबार का रणनीतिक विश्लेषण प्रारंभ किया। पहले उसने रेस्तराँ उद्योग की अर्थव्यवस्था की बात की, उसके बाद उसने इस बात का उल्लेख किया कि उस समय इस उद्योग में क्या चल रहा है और उसके

बाद उसने बोर्ड के समक्ष चयन हेतु चार विकल्प प्रस्तुत किए और अपने विश्लेषण को जारी रखते हुए अंतिम दो विकल्पों पर बल दिया। बोर्ड की सहमति के साथ वह इस निष्कर्ष पर पहुँची कि समस्या का एकमात्र समाधान 'स्पिन ऑफ' (बंदी) है। वह अपनी प्रस्तुति को इन शब्दों के साथ स्मरण करती है, "अतः जब हम अपने विश्लेषण के माध्यम से केवल दो विकल्पों पर पहुँचे तो यह शीशे की तरह साफ हो गया था कि 'स्पिन ऑफ' (बंदी) ही सर्वोत्तम विकल्प था। इसलिए यह जान-बूझकर दोहराई गई प्रक्रिया थी, हमने एक बार भी सीधे-सीधे यह नहीं कहा कि "आप इसे बंद कर दें।"

बोर्ड को अपने निष्कर्ष के पक्ष में लाने हेतु उसने एक अप्रत्यक्ष रास्ता लिया और वह फलीभूत भी हुआ। समय ने सिद्ध किया कि उसका दृष्टिकोण सही था, क्योंकि उससे मूल कंपनी का व्यय-भार कम हुआ और आगामी प्रगति के नए क्षितिज खुल गए।

बोर्ड को अपने निष्कर्ष के पक्ष में लाने हेतु उसने एक अप्रत्यक्ष रास्ता लिया और वह फलीभूत भी हुआ। समय ने सिद्ध किया कि उसका दृष्टिकोण सही था, क्योंकि उससे मूल कंपनी का व्यय-भार कम हुआ और आगामी प्रगति के नए क्षितिज खुल गए।

इंदिरा कहती है कि शेयरधारकों की भागीदारी महत्त्वपूर्ण है, क्योंकि अपनी सहभागिता के कारण वे महसूस करेंगे कि निर्णय उनके द्वारा लिया गया था। इस निर्णय के बारे में वह कहती हैं, "हमारा बोर्ड शामिल था, उसका प्रत्येक कदम, मैं बलपूर्वक कहना चाहूँगी कि बोर्ड ने परिचर्चा में व्यापक योगदान किया और वह परिचर्चा अत्यंत उत्तम थी। उसने अपना निर्णय इस प्रकार प्रस्तुत किया कि उसने बोर्ड को अन्य विकल्पों पर चर्चा करने हेतु भलीभाँति प्रोत्साहित भी किया। उसने बोर्ड को यह अहसास भी कराया कि निर्णय उनके द्वारा लिया गया था और उसमें किसी की कोई मिलीभगत नहीं थी।"

रेस्तराँ कारोबार को बंद करने के लिए सुझाया गया समाधान स्वीकार कर लिया गया था, परंतु वह इस तथ्य से परिचित थी कि कुछ लोग ऐसे भी

थे, जो सोचते थे कि इस बंदी के कारण कंपनी की परिसंपत्तियों में काफी बड़ी, लगभग एक-तिहाई कटौती हो जाएगी। उसकी क्षतिपूर्ति आवश्यक थी और परिसंपत्तियों की कमी को पूरा करने की जिम्मदारी उसने अपने ऊपर ले ली थी। उसने इस बारे में अध्ययन करना शुरू किया कि उसे किस दिशा में जाना चाहिए और वह किस कंपनी का अधिग्रहण करे, जिससे मूल (पेरेंट) कंपनी की प्रतिष्ठा में वृद्धि हो।

इंदिरा इस मोड़ पर स्पष्ट मन बना चुकी थी कि पेप्सीको को किस प्रकार काम करना चाहिए। अपने अध्ययन और विश्लेषण से उसने निष्कर्ष निकाला कि पेप्सीको के ब्रांड अहर्निश प्रासंगिक नहीं थे; कंपनी के पास ऐसा कोई पदार्थ नहीं था, जिसे वह अपने ग्राहकों को भोर से प्रातः 10 बजे तक पेश कर सके। वह कहती है, "हमने सोचा कि दिन का सर्वाधिक महत्त्वपूर्ण भाग होने के नाते हमें उस समय पर अधिकार करना चाहिए।" इस उद्देश्य की पूर्ति के लिए उसने उन विकल्पों के बारे में सोचा, जिन्हें वह हासिल कर सकती थी। अपने उद्देश्य की पूर्ति हेतु वह बोर्ड को कोई नया ब्रांड बनाने का प्रस्ताव कर सकती थी, परंतु उसके लिए बहुत बड़े प्रयास की आवश्यकता थी। यदि पूर्ववत् उपलब्ध ट्रॉपिकाना, जैसे ब्रांड उसके पास होते तो इस अतिरिक्त प्रयास से बचा जा सकता था। ट्रॉपिकाना पहले सीगैम का हिस्सा था और उसी के अधिग्रहण की आवश्यकता थी। ट्रॉपिकाना नाश्ते के लिए और आपके लिए भी अच्छा था। अतः उसे खरीदने का निर्णय लिया गया। उसे आई.पी.ओ. अथवा सीधी बिक्री, जैसे दो माध्यमों से अधिगृहीत किया जा सकता था।

इंदिरा इस मोड़ पर स्पष्ट मन बना चुकी थी कि पेप्सीको को किस प्रकार काम करना चाहिए। अपने अध्ययन और विश्लेषण से उसने निष्कर्ष निकाला कि पेप्सीको के ब्रांड अहर्निश प्रासंगिक नहीं थे; कंपनी के पास ऐसा कोई पदार्थ नहीं था, जिसे वह अपने ग्राहकों को भोर से प्रातः 10 बजे तक पेश कर सके।

उन्होंने उसकी बोली लगाने का चुनाव किया और 1997 में उसे खरीद लिया।

इंदिरा कोई नया ब्रांड बनाने की बजाय ट्रॉपिकाना को लेने की इच्छुक क्यों थी? इसका उत्तर पाने के लिए आपको उसके मन के अंदर गहरे पैठना पड़ेगा। उसमें रणनीतिक और वित्तीय बुद्धिमानी थी, वह पेप्सीको को ग्राहकों से भावनात्मक रूप से भी जोड़ना चाहती थी और उनकी विविध आवश्यकताओं का भी खयाल रखना चाहती थी। पेप्सीको के पास शीतल पेय का समृद्ध कारोबार था, यद्यपि इस तथ्य को स्वीकार किया जाता था कि वे स्वास्थ्य के लिए हानिकारक थे (और हैं), यह और बात है कि लोग पेप्सी का बड़े पैमाने पर आनंद लेते थे। कंपनी द्वारा बेचे जानेवाले नमकीन अल्पाहार के मामले में भी यही बात थी। यही कारण था कि उसने ताजा जूस बाजार में उतारा, जो लोगों के लिए सचमुच अच्छा था। ग्राहकों के लिए क्या मजा (फन) था और उनके लिए क्या अच्छा (गुड) था, वह इन दोनों विचारों के मध्य वह एक रेखा खींचने की इच्छुक थी, 'आपके लिए अच्छा' (गुड फॉर यू) श्रेणी के उत्पादों पर इंदिरा अधिक ध्यान देना चाहती थी। ट्रॉपिकाना के अधिग्रहण के साथ वह इस दिशा में आगे बढ़ी।

इंदिरा कोई नया ब्रांड बनाने की बजाय ट्रॉपिकाना को लेने की इच्छुक क्यों थी? इसका उत्तर पाने के लिए आपको उसके मन के अंदर गहरे पैठना पड़ेगा। उसमें रणनीतिक और वित्तीय बुद्धिमानी थी, वह पेप्सीको को ग्राहकों से भावनात्मक रूप से भी जोड़ना चाहती थी और उनकी विविध आवश्यकताओं का भी खयाल रखना चाहती थी।

बहरहाल, इंदिरा शीतल पेयों का बचाव करती है, 'दि इकोनॉमिक टाइम्स' के साथ एक साक्षात्कार में वह कहती है—"मैं सोचती हूँ कि एक गुलाब जामुन में पेप्सी की छह बोतलों की मिठास होती है, यह अच्छा है कि मैं बड़ी मात्रा में उसका उपभोग करती हूँ, अत: मैं सोचती हूँ कि भारतीय आहार में पेप्सी का

स्थान है।" एक अन्य साक्षात्कार में वह कहती है, "मैं लेज का एक पैकेट रोज खाती हूँ, क्योंकि आप जानते हैं कि रोजाना एक पैकेट लेज खाने से मोटापा नहीं होता। आइए, लेज अथवा फफ्फल्स के बारे में विचार करते हैं, क्या है यह ? यह आलू है, अमेरिकी किसान द्वारा उगाया गया आलू! इसे यहीं संयुक्त राज्य में पैदा किया जाता है, यह अमेरिकी मिट्टी से आता है, यह संयुक्त राज्य की मिट्टी से निकलकर सीधे उस संयंत्र में आता है, जो संयुक्त राज्य में है, पतला कटा, तला हुआ और हलका नमक मिला तथा पैकेट में रखा हुआ यह आलू का टुकड़ा मात्र है। एक बात मैं और कहना चाहती हूँ...डबल रोटी के एक टुकड़े में पोटाटो चिप्स से अधिक नमक होता है, आप बिना व्यायाम किए सभी प्रकार की अस्वास्थ्यकर चीजें खाएँ और कहें कि 'मैं मोटा हो गया हूँ' तो इसमें कुछ तो गड़बड़ है, ठीक!"

अपने इस दृष्टिकोण का अनुसरण करते हुए वह उचित बात करती है। एक अन्य साक्षात्कार में वह कहती है, "प्रश्न यह है कि आप यह कैसे सुनिश्चित करेंगी कि आप सारी चीजें एक ही तरह खाती हैं ?...आप यह कैसे सुनिश्चित करेंगे कि लोग अस्वास्थ्यकर आहार की बजाय केवल स्वास्थ्यप्रद चीजें ही खाएँ ?"

अपने इस दृष्टिकोण का अनुसरण करते हुए वह उचित बात करती है। एक अन्य साक्षात्कार में वह कहती है, "प्रश्न यह है कि आप यह कैसे सुनिश्चित करेंगी कि आप सारी चीजें एक ही तरह खाती हैं ?...आप यह कैसे सुनिश्चित करेंगे कि लोग अस्वास्थ्यकर आहार की बजाय केवल स्वास्थ्यप्रद चीजें ही खाएँ ?" इस संबंध में इंदिरा की सोच उचित थी, वह अपने उपभोक्ताओं के लिए स्वास्थ्यप्रद विकल्पों की भी श्रृंखला की उपलब्धि सुनिश्चित करना चाहती थी। वह कहती है, "क्वेकर में हमारे पास क्वेकर आहारों-क्वेकर बार, क्वेकर ओटमील और कुकीज (बिस्कुट) उपलब्ध हैं, हमारे पास उत्पादों की शानदार पाइपलाइन (नलिका) है।"

3.3 अरब डॉलर की लागतवाले इस अधिग्रहण के लिए बोर्ड को

सहमत कर पाना कोई सरल काम नहीं था, परंतु वह और रोजर एक बार फिर साथ-साथ सामने आए और उन्होंने बोर्ड के समक्ष यह अंदरूनी बात स्पष्ट की कि आनेवाले समय में शीतल पेय के कारोबार में गिरावट हो सकती है और इसका मुख्य कारण लोगों में स्वास्थ्य के प्रति बढ़ती जागरूकता है। ट्रॉपिकाना के अधिग्रहण संबंधी निर्णय का विरोध केवल पेप्सीको के कार्यकारियों द्वारा ही नहीं किया गया था, उसकी आलोचना 'वाल स्ट्रीट' के समीक्षकों ने भी की थी। इस विरोध और आलोचना के विपरीत ट्रॉपिकाना ने पेप्सीको को प्रतिस्पर्धात्मक बढ़त प्राप्त करने की अनुमति दे दी, क्योंकि शीतल नारंगी जूस का 44 प्रतिशत हिस्सा उसके पास था और जूस बाजार में उसमें तीव्रतम वृद्धि हो रही थी। यदि कोका-कोला के 'माइन्यूट मैड' से तुलना की जाए तो उसका पैमाना उत्साहजनक रूप से अधिक था, क्योंकि ट्रॉपिकाना का बाजार अंश (मार्केट शेयर) उससे दुगुना था।

> *3.3 अरब डॉलर की लागतवाले इस अधिग्रहण के लिए बोर्ड को सहमत कर पाना कोई सरल काम नहीं था, परंतु वह और रोजर एक बार फिर साथ-साथ सामने आए और उन्होंने बोर्ड के समक्ष यह अंदरूनी बात स्पष्ट की कि आनेवाले समय में शीतल पेय के कारोबार में गिरावट हो सकती है और इसका मुख्य कारण लोगों में स्वास्थ्य के प्रति बढ़ती जागरूकता है।*

कोला युद्ध

कोका-कोला और पेप्सीको के मुख्य ब्रांडों 'कोला' के मध्य होनेवाली परस्पर प्रतियोगिता को 'कोला युद्ध' के रूप में उद्धृत किया गया। दोनों प्रतिद्वंद्वियों के मध्य यह युद्ध 1970 के दशक में तब शुरू हुआ, जब पेप्सीको को दूसरे पायदान पर धकेलते हुए कोका-कोला कंपनी आगे निकल गई। 1980 के दशक के प्रारंभ में कोका-कोला के पेप्सी एवं डायट कोक जैसे

अपने प्रतियोगियों के उत्पादों से पिछड़ गई और उसी समय कोका-कोला ने अपने शीतल पेय के स्वाद और निर्माणविधि को परिवर्तित करने का निर्णय लिया। अप्रैल 1985 में उसने नई रेसिपी पेश की, जिसे 'न्यू कोक' के नाम से जाना गया। कंपनी को यह कदम उठाने हेतु इसलिए विवश होना पड़ा, क्योंकि उसकी प्रतिद्वंद्वी पेप्सी का स्वाद थोड़ा मीठा था, इसलिए कोका-कोला ने भी अपने 'न्यू कोक' की मिठास में थोड़ी वृद्धि कर दी। बहरहाल, ग्राहकों ने उसके इस बदलाव को आसानी से मंजूर नहीं किया और उसमें गिरावट आने लगी, जिससे कंपनी कों विवश होकर अपनी पुरानी रेसिपी पर लौटना पड़ा और कोक का नाम बदल-कर 'कोका-कोला क्लासिक' करना पड़ा। यद्यपि यह पीछे हटने जैसा था, फिर भी यह पश्चगमन (रिट्रीट) कोक को प्रतिस्पर्धा में वापस ले आया और उसकी जड़ें एक बार फिर मजबूत होने लगीं। अत: कुछ सिद्धांतकारों ने इसे हथौड़े की चोट (मास्टरस्ट्रोक) की संज्ञा भी दी। यह बात अलग है कि कोका-कोला इस दावे से इनकार करती है। यह बड़ा रोचक अध्ययन है और इस घटना को संयुक्त राज्य और अन्य जिलों में बिजनेस स्कूल पाठ्यक्रम के एक भाग के रूप में शामिल किया गया है। यह 'कोला युद्ध' की एक प्रमुख कहानी मानी जाती है।

अप्रैल 1985 में उसने नई रेसिपी पेश की, जिसे 'न्यू कोक' के नाम से जाना गया। कंपनी को यह कदम उठाने हेतु इसलिए विवश होना पड़ा, क्योंकि उसकी प्रतिद्वंद्वी पेप्सी का स्वाद थोड़ा मीठा था, इसलिए कोका-कोला ने भी अपने 'न्यू कोक' की मिठास में थोड़ी वृद्धि कर दी।

पेप्सीको 1975 के प्रारंभ से ही कोका-कोला को पछाड़ने का प्रयास कर रही थी, इसलिए उसने पेप्सी चैलेंज, ब्लाइंड टेस्ट टैस्ट और पेप्सी स्टफ (पेप्सी पियो, सामान पाओ) जैसी अनेक योजनाएँ चलानी प्रारंभ कर दी थीं। अंतिम योजना के अंतर्गत उपभोक्ता पेप्सी अंक और कप प्राप्त कर सकते थे और उसके बदले दुकानदार से मुफ्त पेप्सी प्राप्त कर सकते थे। उपभोक्ताओं

का समर्थन पाने के कारण इस योजना को न केवल आगामी दो वर्षों के लिए बढ़ा दिया गया, बल्कि इस योजना में 'माउंटेन डिउ' को भी शामिल कर दिया गया, जिसे ग्राहकों ने खूब पसंद किया। यद्यपि इसका स्वरूप समय-समय पर बदलता रहा, फिर भी यह आकर्षक योजना कई वर्षों तक जारी रही।

इस विषय में एक रोचक मुकदमेबाजी को उद्धृत करना भी रोचक होगा, पेप्सी स्टफ के एक विज्ञापन में एक नौजवान को हैरियर जंप जेट के कॉकपिट (पायलट केबिन) में दिखाया गया था और उसके नीचे चित्र परिचय (कैप्शन) में लिखा था—"हैरियर जेट-7 मिलियन (70 लाख) प्वॉइंट्स।"

इस विषय में एक रोचक मुकदमेबाजी को उद्धृत करना भी रोचक होगा, पेप्सी स्टफ के एक विज्ञापन में एक नौजवान को हैरियर जंप जेट के कॉकपिट (पायलट केबिन) में दिखाया गया था और उसके नीचे चित्र परिचय (कैप्शन) में लिखा था—"हैरियर जेट-7 मिलियन (70 लाख) प्वॉइंट्स।" इसके अंतर्गत पेप्सी स्टफ ऑर्डर को पूरा करने हेतु अतिरिक्त पेप्सी अंक प्राप्त करने का एक तरीका सुझाया गया था। सिएटल (वाशिंगटन) निवासी जॉन लियोनार्ड नामक एक सज्जन ने पेप्सी स्टफ हेतु अधिकतम अंकों के साथ एक आवेदन भेजा और आवश्यक अतिरिक्त अंक प्राप्त करने हेतु सात करोड़ डालर का चेक भी अपने आवेदन के साथ भेज दिया। पेप्सीको ने उसके आवेदन को स्वीकार नहीं किया, जिसके बदले में जॉन लियोनार्ड ने मुकदमा दायर कर दिया। न्यायालय ने अपने निर्णय में कहा कि कोई भी समझदार आदमी विज्ञापन से यह अनुमान नहीं लगा सकता कि पेप्सी वस्तुतः उपभोक्ताओं को कोई हैरियर जेट देने का प्रस्ताव कर रही थी, इससे विवश होकर पेप्सीको को अपने विज्ञापन के चित्र परिचय में 'जस्ट किडिंग' (बचकानी हरकत) नामक शब्द जोड़ना पड़ा और इसके साथ-साथ इनाम बढ़ाकर '700 मिलियन पेप्सी प्वॉइंट्स' करना पड़ा। इस मुकदमे का निर्णय

1999 में सुनाया गया, उस समय तक इंदिरा पेप्सीको की अंग बनी हुई थी।

इंदिरा ने अपने प्रतिद्वंद्वी कोका-कोला की शक्तियों और दुर्बलताओं का अध्ययन जारी रखा, ताकि वह जान सके कि उसके लिए क्या उपयोगी है, क्या नहीं! उसके अध्ययन का निष्कर्ष यह था कि कोका-कोला ने अपनी उन इकाइयों को बंद कर दिया था, जिनमें श्रमिकों की अधिक आवश्यकता थी। वह जानती थी कि पेप्सीको की शक्ति अपनी फ्रेंचाइजियों की प्रभावशाली प्रबंधन योग्यता में निहित है, जबकि वितरण के क्षेत्र में वह कमजोर है। यद्यपि यह बात अलग है कि फ्रिटो ले का सारा कारोबार वितरण पर ही आधारित था और उसके लिए मौलिक ढाँचे का विकास किया गया था। इसके विपरीत, शीतल पेयों के बॉटलिंग और वितरण संचालन में बड़े प्रयास किए जाने की आवश्यकता थी, जिसमें स्थानीय स्तर पर बहुत अधिक श्रमिकों की जरूरत थी, जिससे कोई फ्रेंचाइजी ही अच्छी तरह निपट सकती थी। यही कारण था कि कोका-कोला ने अपने बोतलीकरण संयंत्रों को बंद करके उसे फ्रेंचाइजियों को अनेक लाभों के साथ ठेके पर दे दिया था। कोका-कोला के अंतरावलोकन के बाद इंदिरा ने पाया कि "फ्रिटो ले में, जहाँ वितरण ही सबकुछ था, उसके विपरीत शीतल पेय के कारोबार में फ्रेंचाइजी कंपनी और वितरण कंपनी दोनों आवश्यक हैं, अतः हमारे लिए यही महत्त्वपूर्ण है कि हम इन दोनों को स्वतंत्र इकाइयों के रूप में देखें।"

इंदिरा ने अपने प्रतिद्वंद्वी कोका-कोला की शक्तियों और दुर्बलताओं का अध्ययन जारी रखा, ताकि वह जान सके कि उसके लिए क्या उपयोगी है, क्या नहीं! उसके अध्ययन का निष्कर्ष यह था कि कोका-कोला ने अपनी उन इकाइयों को बंद कर दिया था, जिनमें श्रमिकों की अधिक आवश्यकता थी।

इंदिरा ने दोनों प्रतिद्वंद्वी कंपनियों की वर्तमान क्षमताओं की तुलना की और निष्कर्षतः कहा, "हमने एक बार पुनः महसूस किया कि हमारी शक्ति

फ्रेंचाइजी कारोबार में है।" यह निष्कर्ष कारगर था और इससे प्रबंधन को सहमत करना कोई कठिन काम नहीं था, क्योंकि वह पहले ही उसकी रेस्तराँ कारोबार को बंद करने एवं ट्रापिकाना के अधिग्रहण हेतु दी गई प्रस्तुति से प्रभावित था, जो कंपनी को एक कदम आगे ले जानेवाला सिद्ध हो चुका था।

दस वर्षों बाद पेप्सीको ने भी उन्हीं पदचिह्नों का अनुसरण कियां; बहरहाल इसमें प्रतिद्वंद्वी कंपनी द्वारा की गई खामियों को दूर करने का प्रयास किया गया था। सरलतः अधिक फ्रेंचाइजियों को शामिल करने की बजाय पेप्सीको ने बोतलीकरण कारोबार हेतु आई.पी.ओ. (इनिशियल पब्लिक ऑफर) का विकल्प चुना, जिससे उसे राजस्व लाभ भी हुआ।

दस वर्षों बाद पेप्सीको ने भी उन्हीं पदचिह्नों का अनुसरण किया; बहरहाल इसमें प्रतिद्वंद्वी कंपनी द्वारा की गई खामियों को दूर करने का प्रयास किया गया था। सरलतः अधिक फ्रेंचाइजियों को शामिल करने की बजाय पेप्सीको ने बोतलीकरण कारोबार हेतु आई.पी.ओ. (इनिशियल पब्लिक ऑफर) का विकल्प चुना, जिससे उसे राजस्व लाभ भी हुआ।

कंपनी में अपनी उपलब्धियों पर प्रसन्न होकर एक रणनीतिज्ञ के रूप में इंदिरा ने अधिक चुनौतियों पर दृष्टि डाली और उसके हिस्से में अनेक अधिक चुनौतीपूर्ण काम आए।

अभी उसे पेप्सीको में आए हुए अधिक समय नहीं हुआ था कि एक दिन रोजर ने उसे बुलाकर कहा कि वह ऐसी रणनीति का विकास करे, जो कंपनी को 21वीं सदी का एक पारिभाषिक निगम बना सके। दरअसल रोजर चाहते थे कि कंपनी अपना कायाकल्प (रूपांतरण) जी.ई. (जनरल इलेक्ट्रिक) की भाँति करे।

इंदिरा ने पल भर के लिए अपनी आँखें बंद कीं और रोजर के प्रस्ताव पर अपनी सहमति दे दी, उसके लिए यह एक बड़ी रणनीतिक चुनौती सिद्ध होनेवाली थी। रोजर ने इंदिरा के साथ मिलकर एक कार्ययोजना तैयार की और

'क्वेकर ओट्स' के अधिग्रहण पर मुहर लगा दी, इस निर्णय के बारे में इंदिरा कहती है, "ट्रॉपिकाना के अधिग्रहण से, जहाँ 3 अरब डॉलर का लाभ हुआ था, वहीं क्वेकर ओट्स से 7 अरब डॉलर की कमाई हुई। इस प्रकार वह कार्य संपन्न हुआ। हमने उसके लिए एक निर्णय-निर्धारण विषयक अध्ययन तैयार किया और उसी के अनुसार आगे बढ़े; परंतु मैं सोचती हूँ कि वह एक अतुल्य वित्तीय रूपांतरण था, क्योंकि निवेशित पूँजी पर होनेवाला लाभ 15 प्रतिशत से बढ़कर 25 प्रतिशत हो गया था।"

वह स्पष्ट करती है कि 30 अरब डॉलर के राजस्व पर कोई एक अरब डालर के आसपास लाभ होता था, जबकि उससे कम 20 अरब डॉलर के निवेश पर अर्जित राजस्व बढ़कर 3 अरब डॉलर हो गया, स्वाभाविक रूप से यह कंपनी के लिए बड़ा रूपांतरण था और यह खेल-परिवर्तक (गेम-चेंजर) निर्णय सिद्ध हुआ।

वह स्पष्ट करती है कि 30 अरब डॉलर के राजस्व पर कोई एक अरब डालर के आसपास लाभ होता था, जबकि उससे कम 20 अरब डॉलर के निवेश पर अर्जित राजस्व बढ़कर 3 अरब डॉलर हो गया, स्वाभाविक रूप से यह कंपनी के लिए बड़ा रूपांतरण था और यह खेल-परिवर्तक (गेम-चेंजर) निर्णय सिद्ध हुआ।

इस उपलब्धि का श्रेय जब इंदिरा को दिया गया तो उसने बड़ी विनम्रता से कहा कि वह पूरी तरह उसका व्यक्तिगत निर्णय नहीं था। उससे यह प्रश्न भी किया गया कि उसने कंपनी के लिए कोई नया ब्रांड बनाने की बजाय अधिग्रहण का विकल्प क्यों चुना, जबकि यह कार्य फ्रिटो ले के अंतर्गत किया जा सकता था? इसका स्पष्टीकरण देते हुए वह कहती है, "…जिन कारणों से हमने क्वेकर ओट्स को खरीदा, उसकी वास्तविकता बहुत कम लोग समझते हैं कि यह भी ट्रॉपिकाना के अधिग्रहण के समान ही होता, यदि आप फ्रिटो ले को देखें, यदि आप कोई स्वास्थ्यप्रद उत्पाद बनाना चाहते हैं तो आप किसी अन्य फ्रिटो उत्पाद या ब्रांड का प्रयोग

नहीं कर सकते थे, उन्हें फ्रिटो बार या नेज बार या रफल्स बार कहना और फिर उसे नाश्ते के रूप में इस्तेमाल करना पागलपन होता, उनमें कोई उचित सहकार नहीं था।" इसी स्पष्ट कारण से इंदिरा उन ब्रांडों के पक्ष में गई, जो पोषण आधारित तत्त्वों से भरपूर थे और उत्तम खाद्य उत्पादों की शृंखला शुरू करने के लिए उपयोगी थे।

वह कहती है कि उसने क्वेकर ओट्स को खरीदने का निर्णय सिर्फ इसलिए नहीं किया कि वह एक बड़ा नाम था, वह कहती है, "...हमने सभी ब्रांडों का अध्ययन किया और उसे (क्वेकर ओट्स को) हमने सबसे ऊपर पाया।"

क्वेकर ओट्स कंपनी के पास गैटोरेड का स्वामित्व था, जो पेप्सीको के लिए उसके सकारात्मक अभियान का भाग बना, क्योंकि उस समय गैटोरेड खेल पेय की 80 प्रतिशत बिक्री करती थी। ट्रॉपिकाना के समान इस रणनीतिक कदम ने कोका-कोला के स्वामित्व वाले पावरेड, जो उस समय बिक्री के मामले में दूसरे नंबर पर था, पर पेप्सीको को बढ़त दिलाई।

क्वेकर ओट्स कंपनी के पास गैटोरेड का स्वामित्व था, जो पेप्सीको के लिए उसके सकारात्मक अभियान का भाग बना, क्योंकि उस समय गैटोरेड खेल पेय की 80 प्रतिशत बिक्री करती थी। ट्रॉपिकाना के समान इस रणनीतिक कदम ने कोका-कोला के स्वामित्व वाले पावरेड, जो उस समय बिक्री के मामले में दूसरे नंबर पर था, पर पेप्सीको को बढ़त दिलाई। इसने पेप्सीको को अपना सकल वार्षिक लाभ 2.7 अरब डॉलर से बढाकर 6.5 अरब डॉलर तक ऊपर उठाने में सहायता की।

दुनिया जहाँ एक ओर इंदिरा की उपलब्धियों की प्रशंसा में व्यस्त थी, वहीं दूसरी ओर वह कोका-कोला की बोली को बड़े अंतर से पछाड़ते हुए 337 अरब डॉलर में सोबे (SoBe) के अधिग्रहण में व्यस्त थी।

पेप्सीको के पुनर्निर्देशन में इंदिरा की रणनीतिक सफलता को 'सोद्देश्य

कार्यप्रदर्शन' ('पर्पज विद परफॉर्मेंस') की संज्ञा दी गई, जो व्यापक रूप से सफल रहा था। यह समाज तथा पर्यावरण पर सकारात्मक प्रभाव छोड़ते हुए दीर्घकालिक प्रगति के निर्माण में लगा था। वह कंपनी के लिए न केवल एक टिकाऊ व्यापार मॉडल तैयार करने की कोशिश कर रही थी, बल्कि उसे वह कुछ ऐसा बनाना चाहती थी, जिसके कारण लोग कंपनी के साथ जुड़ना पसंद करें। अपने इसी प्रयास के दौरान उसने पेप्सीको के उत्पादों का तीन बड़ी श्रेणियों में पुनर्वर्गीकरण कर दिया, ये श्रेणियाँ—(अ) 'आपका मजा' (फन फॉर यू), जिसमें पोटाटो चिप्स और रेगुलर सोडा जैसे उत्पाद थे; (ब) बेटर फॉर यू (आपके लिए उत्तम) में डायट, जैसे आहारों तथा सोडा के लो-फैट संस्करण शामिल थे और (सी) 'गुड फॉर यू' (आपके लिए अच्छा) श्रेणी में ओटमील जैसी वस्तुएँ शामिल थीं। कंपनी अपने दृष्टिकोण के सकारात्मक रवैए के साथ व्यापक निधीयन (फंडिंग) की पहल भी कर रही थी। उसने नैगमिक निधीयन को अस्वास्थ्यकर आहार से हटाकर स्वस्थतम विकल्पों की ओर मोड़ दिया और 'फन' उत्पादों को भी स्वास्थ्यप्रद बनाने की दिशा में प्रयास किया। बाद में सन् 2015 में उसने डायट कोला से 'एस्पारटेम' नामक कृत्रिम मिष्टान्नकारक तत्त्व को 200 प्रतिशत तक हटा दिया। जिसका उपयोग डिब्बाबंद खाद्य एवं पेयों में चीनी के विकल्प के रूप में किया जाता था—स्वास्थ्यप्रद आहार के विकल्प में यह भी एक प्रकार का क्रांतिकारी बदलाव था। यह कार्य उसने इस तथ्य के बावजूद किया कि ऐसा कोई विश्वसनीय साक्ष्य नहीं मिला कि एस्पारटेम में कोई हानिकारक तत्त्व शामिल थे।

उसने नैगमिक निधीयन को अस्वास्थ्यकर आहार से हटाकर स्वस्थतम विकल्पों की ओर मोड़ दिया और 'फन' उत्पादों को भी स्वास्थ्यप्रद बनाने की दिशा में प्रयास किया। बाद में सन् 2015 में उसने डायट कोला से 'एस्पारटेम' नामक कृत्रिम मिष्टान्नकारक तत्त्व को 200 प्रतिशत तक हटा दिया।

इंदिरा कहती है—“अब हम देख सकते हैं कि हमारे पास ‘फन फॉर यू’ से ‘बेटर फॉर यू’ से ‘गुड फॉर यू’ के साथ-साथ पेयों, भोजन, आहार जैसे उत्पादों की शृंखला है और हमने इस कंपनी को समय के साथ सायास आगे बढ़ाया है। वास्तव में इसकी शुरुआत 1996 में हुई, इसके बारे में हमने इसी दौरान वार्त्ता शुरू की। वास्तव में मैं कहना चाहूँगी कि पेप्सीको ने इसका अनुमान 1990 में तब लगाया था, जब हमने कार्बनीकृत शीतल पेयों के विरुद्ध तरल स्फूर्तिदायक पेयों का वर्गीकरण प्रारंभ किया। इसी उद्‌देश्य से हम चाय के लिए लिपटन के साथ और कॉफी के लिए स्टारबक्स के साथ साझेदारी की ओर बढ़े और स्वरस (जूस) निर्माण की दिशा में हम स्वयं आगे बढ़े।”

यह कदम कंपनी के लिए कितना विलक्षण सिद्ध हुआ, इसका उल्लेख करते हुए वह कहती है, “अतः हमने वास्तव में अपना अभियान 1990 में प्रारंभ किया और ट्रॉपिकाना तथा ग़ैटोरेड के अधिग्रहण के साथ हमने अकार्बनीकृत पेयों के अपने अभियान को दृढ़ता प्रदान की तथा आज हमारे पास सभी प्रकार के अकार्बनीकृत पेयों का एक ब्रांड है।”

यह कदम कंपनी के लिए कितना विलक्षण सिद्ध हुआ, इसका उल्लेख करते हुए वह कहती है, “अतः हमने वास्तव में अपना अभियान 1990 में प्रारंभ किया और ट्रॉपिकाना तथा गैटोरेड के अधिग्रहण के साथ हमने अकार्बनीकृत पेयों के अपने अभियान को दृढ़ता प्रदान की तथा आज हमारे पास सभी प्रकार के अकार्बनीकृत पेयों का एक ब्रांड है।”

‘सोद्‌देश्य कार्यप्रदर्शन’ ने अब एक प्रकार से दर्शन (फिलॉसफी) का रूप धारण कर लिया है। कई वर्षों के दौरान दिए गए अपने अनेक साक्षात्कारों में उसने इस विचार को भिन्न रूप में स्पष्ट किया है। एक स्थान पर वह कहती है, “यह (‘सोद्‌देश्य कार्यप्रदर्शन’) मौलिक रूप से पेप्सीको का कथन है कि समाज के सिर पर व्यय का भार डालकर कंपनियाँ अधिक

दिनों तक काम नहीं कर सकतीं। हमारा विश्वास है कि नया भविष्य जन-निजी हिस्सेदारियों में है, जहाँ कंपनियों को समाज के बारे में बड़े पैमाने पर अपनी जिम्मेदारी महसूस करनी होगी।"

इस बिंदु को सिद्ध करने के लिए इंदिरा एक उदाहरण का सहारा लेती है, "यदि कंपनियाँ धरती के जल का उपयोग करती हैं तो यह आवश्यक है कि हम उस पानी को वापस जमीन में डालें। यह महत्त्वपूर्ण है कि हम ऊर्जा संतुलन में योगदान करें, यदि आप कृषकीय कारोबार में हैं तो हमें उस परिवार को जीवित बनाए रखने के लिए योगदान करना महत्त्वपूर्ण है। इतना ही महत्त्वपूर्ण यह भी है कि यदि समाज में मोटापे को लेकर कोई समस्या है तो यह कहने की बजाय कि 'यह मेरी समस्या नहीं है' आपको सांसदों (लॉ-मेकर्स), नियामकों, विधायकों, गैरसरकारी संगठनों (एन.जी.ओ.) के साथ वार्त्ता एवं काम करके यह कहना चाहिए कि 'इस समस्या का निदान हम कैसे कर सकते हैं?' अतः हमारे सोद्देश्य कार्यप्रदर्शन का तात्पर्य यह है कि एक कंपनी के रूप में हम अच्छा करते हुए ही अच्छा कर सकते हैं और वास्तव में सोद्देश्य कार्यप्रदर्शन यही संपूर्ण विचार है, इसीलिए मेरा विश्वास है कि हमारे अंशधारकों को इस बात से प्रसन्न होना चाहिए कि पेप्सीको वस्तुतः एक ऐसा सुदृढ़ निगम बनने जा रही है, जो केवल आर्थिक रूप से ही सुदृढ़ नहीं, बल्कि इस रूप में भी सुदृढ़ है कि प्रत्येक समाज का महान् नागरिक होने के नाते हमें उसमें अपना योगदान करना है।"

यदि कंपनियाँ धरती के जल का उपयोग करती हैं तो यह आवश्यक है कि हम उस पानी को वापस जमीन में डालें। यह महत्त्वपूर्ण है कि हम ऊर्जा संतुलन में योगदान करें, यदि आप कृषकीय कारोबार में हैं तो हमें उस परिवार को जीवित बनाए रखने के लिए योगदान करना महत्त्वपूर्ण है।

एक साक्षात्कार में इंदिरा कहती है, "पर्यावरणीय संपोषणीयता के क्षेत्र

में हमारा लक्ष्य यह है कि हम 2015 तक वैश्विक तौर पर जल उपभोग में प्रति इकाई 20 प्रतिशत, बिजली में 20 प्रतिशत और ईंधन में 25 प्रतिशत खपत कम करना चाहते हैं, हमारा लक्ष्य घटाना, पुनरुपयोग और पुनर्चक्रण है।" अपनी और पेप्सीको की उपलब्धियों पर संतोष प्रकट करते हुए वह कहती हैं—"इस अवसर पर मुझे यह कहते हुए गर्व का अनुभव हो रहा है कि जहाँ हमें संभावित रूप से होना चाहिए था, हम अपनी उस मूल योजना से काफी आगे हैं।"

सन् 2015 में कंपनी ने अपने संचालनों में जल की संपूर्ण खपत में अपने सवंर्धित जल संरक्षण अभियान के अंतर्गत लगभग 3.2 अरब लीटर की कमी की। ऐसा करते हुए कंपनी ने उत्पादन लागत में 8 अरब डालर की बचत की, 2011 एवं 2015 के बीच अपने प्रति इकाई उत्पादन में जल का उपयोग अपने संभावित अनुमान 20 प्रतिशत से बढ़ाकर 26 प्रतिशत कर दिया। ये काररवाइयाँ पेप्सीको की बृहत्तर संपोषणीयता कार्यक्रम का अंग थीं, जिनसे विगत पाँच वर्षों में लागत बचत तथा जल, ऊर्जा, आवरणीकरण (पैकेजिंग) तथा दुरुपयोग घटाने जैसे कदमों के माध्यम से 60 अरब डॉलर से अधिक की बचत की। कंपनी ने सन् 2006 से गैर-सरकारी संगठनों के साथ भागीदारी के माध्यम से निर्धन देशों के 90 लाख लोगों को सुरक्षित जल उपलब्ध कराया। यह हमारे मूल लक्ष्य-2015 के अंत तक 60 लाख लोगों से अधिक है।

सन् 2015 में कंपनी ने अपने संचालनों में जल की संपूर्ण खपत में अपने सवंर्धित जल संरक्षण अभियान के अंतर्गत लगभग 3.2 अरब लीटर की कमी की। ऐसा करते हुए कंपनी ने उत्पादन लागत में 8 अरब डालर की बचत की, 2011 एवं 2015 के बीच अपने प्रति इकाई उत्पादन में जल का उपयोग अपने संभावित अनुमान 20 प्रतिशत से बढ़ाकर 26 प्रतिशत कर दिया।

'उद्देश्य' की संकल्पना को स्पष्ट करते हुए वह आगे कहती हैं, "उद्देश्य भाग तीन परतों में लिपटा हुआ है, इसकी पहली परत मानव संपोषणीयता है, मैं महसूस करती हूँ कि हमें लोगों का स्वस्थ एवं दीर्घ जीवन सुनिश्चित करने पर ध्यान केंद्रित करना चाहिए, अतः यह सुनिश्चित करने से पूर्व कि हमारे पोर्टफोलियो में 'फन फॉर यू' जैसे स्वास्थ्यप्रद उत्पाद हैं। मैं अपने अभियान को आगे बढ़ाते हुए वैश्विक रूप से संतुलित पोर्टफोलियो तक ले जाना चाहती हूँ; दूसरी परत पर्यावरणीय निरंतरता है, स्पष्ट है कि हम अपने बच्चों के लिए दुनिया को उत्तम स्थान बनाना चाहते हैं, अतः जल उपयोग, ऊर्जा उपयोग एवं पुनर्चक्रण इत्यादि सभी के विषय में चिंतित होना आवश्यक है। पुनः आपको उसके लाभकारी पक्ष और निरंतरता के मध्य सावधानीपूर्वक संतुलन बनाना होगा। आपको यह नहीं मानना चाहिए कि सबकुछ कल ही हो सकता है। हम एक रूपरेखा बनाएँगे और उस पर सुविचारित कार्य करेंगे; तीसरी परत हमारे कर्मचारियों, लोगों की संपोषणीयता से संबंधित है, हमें यह सुनिश्चित करना होगा कि पेप्सीको एक बहुआयामी एवं लोगों के लिए सर्व समावेशी स्थान है—स्त्रियाँ व अल्पसंख्यक, चाहे वे किसी भी नस्ल अथवा देश के हों, हम पेप्सीको को ऐसा स्थान बनाना चाहते हैं, जहाँ सर्वोत्तम लोग आएँ और काम करें, उन्हें महसूस हो कि उनके समक्ष अच्छी संभावनाएँ एवं प्रगति के अवसर हैं, क्योंकि लोगों को हम समुदायों से ही तो ला रहे हैं।"

उद्देश्य भाग तीन परतों में लिपटा हुआ है, इसकी पहली परत मानव संपोषणीयता है, मैं महसूस करती हूँ कि हमें लोगों का स्वस्थ एवं दीर्घ जीवन सुनिश्चित करने पर ध्यान केंद्रित करना चाहिए, अतः यह सुनिश्चित करने से पूर्व कि हमारे पोर्टफोलियो में 'फन फॉर यू' जैसे स्वास्थ्यप्रद उत्पाद हैं।

इंदिरा अपनी योजनाओं को उद्घाटित करते हुए कहती हैं—"...मैं सोचती हूँ कि यदि पेप्सीको इन तीनों सोद्देश्य गतिविधियों का नेतृत्व सँभाल

ले तो हम निर्णायक निगमों में से एक बन जाएँगे, क्योंकि हमारे पास प्रत्येक के लिए एक स्पष्ट योजना होगी; परंतु इसका अर्थ यह नहीं कि हम अपनी परफार्मेंस (कार्यप्रदर्शन) में कोई कमी करने जा रहे हैं, यही हमारी योजना है और यह भी कि हम किसके विरुद्ध जाएँगे···मैं सोचती हूँ कि पेप्सीको के समक्ष 21वीं शताब्दी का उल्लेखनीय निगम बनने का अद्‍भुत अवसर है।"

मैं कहना चाहती हूँ कि जब लोगों के बीच 20वीं शताब्दी के अंतिम दो दशकों तथा बड़ी कंपनियों की चर्चा होती थी तो वे आई.बी.एम., जॉनसन एंड जॉनसन और जीई के बारे में बात करते थे और आप जानते हैं कि उसी दौरान माइक्रोसॉफ्ट जैसे नाम सामने आए, परंतु मैं सोचती हूँ कि 21वीं शताब्दी के प्रथम खंड में और प्रथम खंड इसलिए कह रही हूँ।

इंदिरा आगे कहती हैं, "मैं कहना चाहती हूँ कि जब लोगों के बीच 20वीं शताब्दी के अंतिम दो दशकों तथा बड़ी कंपनियों की चर्चा होती थी तो वे आई.बी.एम., जॉनसन एंड जॉनसन और जीई के बारे में बात करते थे और आप जानते हैं कि उसी दौरान माइक्रोसॉफ्ट जैसे नाम सामने आए, परंतु मैं सोचती हूँ कि 21वीं शताब्दी के प्रथम खंड में और प्रथम खंड इसलिए कह रही हूँ। क्योंकि मैं 21वीं शताब्दी नहीं कहना चाहती, अर्थात् 100 वर्ष—कौन जानता है कि उस समय कौन कहाँ होगा और दुनिया की तसवीर कैसी होगी, अत: 21वीं शताब्दी के प्रथम दो या तीन दशकों में पेप्सीको के पास 21वीं शताब्दी के उल्लेखनीय निगमों के मध्य अपना स्थान बनाने का अद्‍भुत अवसर है।" वह 'मध्य' शब्द पर विशेष बल देते हुए कहती हैं कि उसने 'वह' नहीं कहा।

इंदिरा अपने दर्शन के बारे में पूर्णतया स्पष्ट है। वे स्पष्ट करती हैं कि पेप्सीको के लिए यह अनिवार्य है कि वैश्विक तौर पर उल्लेखनीय निगमों के बीच एक नाम उसका भी हो। वह कहती है, "हम स्थानीय समुदायों के

बीच काम करने के मामले में इतना समर्थ होना चाहते हैं और सुनिश्चित करना चाहते हैं कि स्थानीय समुदाय यह महसूस करें कि उनका पेप्सीको जैसा कोई उत्तम पड़ोसी एवं शुभचिंतक है। अतः स्पष्ट रूप से मैं सोचती हूँ कि इन तीनों उद्देश्यपूर्ण गतिविधियों का नेतृत्व यदि पेप्सीको अपने हाथ में ले सके तो हम उल्लेखनीय निगम बन सकते हैं, क्योंकि हमारे पास प्रत्येक के लिए एक स्पष्ट योजना होगी; परंतु इसका यह अर्थ नहीं कि हम अपनी परफार्मेंस में कोई कमी करने जा रहे हैं, यही हमारी योजना है और इसी पर हम काम करने जा रहे हैं।"

इंदिरा महसूस करती हैं कि पेप्सीको अपनी क्षतिपूर्ति एवं विचारधारा के आधार पर अपनी प्रतिभा को बनाए रखने में समर्थ है। वह कहती हैं, "यद्यपि इन प्रारंभिक दिनों में हमने वैश्विक स्तर पर अपनी संपूर्ण रणनीतियों का अनावरण नहीं किया है, यह बात मैं केवल अपने कुछ कर्मचारियों के समझने हेतु कर रही हूँ। आज एक प्रतिभा युद्ध का समय है, लोग पेप्सीको में आर्थिक लाभ के अतिरिक्त अन्य अनेक कारणों से भी आते हैं, यह बड़ी समानता बन जाता है। मैं सोचती हूँ कि यदि लोग यहाँ आने के बाद टिककर काम न करें तो मैं नहीं सोचती कि आप अपना कारोबार बनाए रख सकते हैं, पेप्सीको आज जो भी है, वह अपनी संस्कृति के कारण है।"

यद्यपि इन प्रारंभिक दिनों में हमने वैश्विक स्तर पर अपनी संपूर्ण रणनीतियों का अनावरण नहीं किया है, यह बात मैं केवल अपने कुछ कर्मचारियों के समझने हेतु कर रही हूँ। आज एक प्रतिभा युद्ध का समय है, लोग पेप्सीको में आर्थिक लाभ के अतिरिक्त अन्य अनेक कारणों से भी आते हैं, यह बड़ी समानता बन जाता है।

यदि आपके अंदर अपनी श्रमशक्ति, विशेषतया प्रतिभा को बनाए रखने की योग्यता नहीं है तो आप मुकाबला नहीं कर सकते। इंदिरा अपनी बात जारी रखती हैं, "सही लोगों को पाना और उन्हें बनाए रखना किसी अन्य संसाधन से अधिक महत्त्वपूर्ण है।"

यह बात तो निश्चित है कि इतने बड़े पैमाने पर सौदा करना और कंपनी के आधारभूत ढाँचे तथा उत्पादों के गठन में परिवर्तन करना एक तनावपूर्ण कार्य था। इंदिरा ने स्वयं स्वीकार किया था कि रणनीति बनाना एक अहर्निश कार्य है, वह कहती हैं, "मैं मध्य रात्रि तक जागकर पेप्सीको के भिन्न-भिन्न स्वरूपों को एक कागज पर लिख लेती हूँ।" क्वेकर ओट्स के अधिकारियों के साथ कड़े मोल-भाव के बाद वह अपने कुल के आराध्य की पूजा करने के लिए विमान से पीट्सबर्ग गई। जब टीम कठिन परिस्थितियों का सामना कर रही हो, जैसा कि इस प्रकार के मोल-भाव के दौरान अकसर होता है, नेता के लिए आवश्यक है कि वह टीम को प्रसन्न एवं संतुष्ट रखे, ताकि उसकी दक्षता में कोई कमी न आए।

इतने बड़े स्तर पर निर्णय क्षमता के निर्माण में अव्वल दर्जे की काबिलीयत की जरूरत होती है। उसके समर्पण को पुरस्कार योग्य स्वीकार करते हुए रोजर एनरिको कहते हैं, "यदि उसके मन में कोई विचार आता है तो वह उस पर काम करती है, उसे कोई रोक नहीं सकता है।" परियोजनाओं से जुड़े अन्य लोगों द्वारा भी उसके बारे में ऐसे ही उद्गार व्यक्त किए गए थे।

इतने बड़े स्तर पर निर्णय क्षमता के निर्माण में अव्वल दर्जे की काबिलीयत की जरूरत होती है। उसके समर्पण को पुरस्कार योग्य स्वीकार करते हुए रोजर एनरिको कहते हैं, "यदि उसके मन में कोई विचार आता है तो वह उस पर काम करती है, उसे कोई रोक नहीं सकता है।" परियोजनाओं से जुड़े अन्य लोगों द्वारा भी उसके बारे में ऐसे ही उद्गार व्यक्त किए गए थे।

जिस समय दुनिया उसकी तारीफ के पुल बाँध रही थी, इंदिरा यह सोचने में व्यस्त थी कि ऐसी कौन सी परियोजना को हाथ में लिया जाए, जिनसे आगे चलकर कंपनी की कार्य संस्कृति में भिन्नता लाई जा सके!

सोद्देश्य कार्यप्रदर्शन

वर्ष 2006 में इंदिरा सचमुच एक अवलोकनीय एवं अनुकरणीय नेता थी। नेताओं का लोगों पर व्यापक प्रभाव होता है और लोग उनकी कथनी के बजाय करनी का अनुसरण करना पसंद करते हैं। नेता को ऐसी बातों का ज्ञान होना चाहिए कि वह अपने पीछे कैसी छवि छोड़कर जा रहा/रही है। इंदिरा कहती हैं कि अच्छे नेता में उत्तम दृष्टि सृजन की योग्यता होती है। उसके पास अपनी मान्यताओं को रूपायित करने का साहस और लोगों की शक्ति को उद्घाटित करने की शक्ति होनी चाहिए। वह कहती हैं कि वह नेता को इन्हीं प्रतिमानों पर परिभाषित करेगी। इस समय तक इंदिरा ने 'सोद्देश्य कार्यप्रदर्शन' का दृष्टिकोण प्रस्तुत कर दिया था, जो कंपनी की दीर्घकालिक प्रगति अभियान की पहल थी और समाज तथा पर्यावरण पर सकारात्मक प्रभाव डालनेवाली थी।

> *दृष्टि-रचना के पैमाने पर वह कहती है कि आपको अपने लिए एक दृष्टि रचना आवश्यक है और यह भी आवश्यक है कि जिनका आप नेतृत्व कर रही हैं, उन्हें आपके दृष्टिकोण की जानकारी हो, "अंततोगत्वा, जब आपको इस बात का ज्ञान हो कि आपको जाना कहाँ है, तो आपके लिए अपने गंतव्य पर पहुँच पाना आसान हो जाता है।"*

दृष्टि-रचना के पैमाने पर वह कहती है कि आपको अपने लिए एक दृष्टि रचना आवश्यक है और यह भी आवश्यक है कि जिनका आप नेतृत्व कर रही हैं, उन्हें आपके दृष्टिकोण की जानकारी हो, "अंततोगत्वा, जब आपको इस बात का ज्ञान हो कि आपको जाना कहाँ है, तो आपके लिए अपने गंतव्य पर पहुँच पाना आसान हो जाता है।"

वह कहती हैं कि नेता के अंदर विश्वास का साहस उसके द्वारा किए गए अनुसंधान एवं अध्ययन के माध्यम से आता है। जब कोई व्यक्ति कोई नया महत्त्वपूर्ण काम अपने हाथ में लेता है तो अपने पद अथवा स्थिति के अनुसार

उसके प्रति न्याय करने हेतु चिंतित होना स्वाभाविक है। यह चिंता सर्वप्रथम लक्ष्य के आंतरिक ज्ञान को लेकर उपस्थित होती है कि वह क्या करने जा रहा/रही है? वह एक और परामर्श भी देती है कि संभव है कि आप आंतरिक रूप से व्यग्र हों, परंतु कंपनी के समक्ष मुझे आत्मविश्वास, आशा, संभावना की भावना और आवश्यक समाधान, क्षमता का प्रदर्शन करना चाहिए। इससे भी आगे जाकर वह सलाह देती है कि यदि आप नेता (अगुआ) बनना चाहते हैं तो आपके लिए ईमानदार होना आवश्यक है, "मैंने केवल एक बात सीखी है कि लोगों से झूठ मत बोलो, आप लोगों से ऐसी कोई बात न कहें, जिसकी वास्तविकता भिन्न है।"

इंदिरा का मत है कि नेताओं को अपने अनुसरणकर्ताओं के साथ संवाद करने की आवश्यकता है; आपको अपनी योजनाओं का रहस्य उन्हीं के सामने प्रकट करना चाहिए, जो आपके लिए विश्वसनीय एवं महत्त्वपूर्ण हों। योजनाओं का विभिन्न श्रेणियों में वर्गीकरण होना चाहिए।

इंदिरा का मत है कि नेताओं को अपने अनुसरणकर्ताओं के साथ संवाद करने की आवश्यकता है; आपको अपनी योजनाओं का रहस्य उन्हीं के सामने प्रकट करना चाहिए, जो आपके लिए विश्वसनीय एवं महत्त्वपूर्ण हों। योजनाओं का विभिन्न श्रेणियों में वर्गीकरण होना चाहिए। वह कहती है, "मैं उनसे कहती हूँ कि वे केवल अपना अल्पकालिक कार्यप्रदर्शन बनाए रखें, मध्यकालिक ध्यान इस बात पर दिया जाना था कि हमें उभरते एवं विकसित होते बाजारों में कंपनी के विस्तार हेतु किस प्रकार के अधिग्रहण की आवश्यकता थी, दीर्घकालिक श्रेणी के अंतर्गत हम अनुसंधान एवं विकास (आर एंड डी) में निवेश, वर्तमान में अलाभकर नीतियों के समग्रतः संस्थागत रूपांतरण एवं दीर्घकालिक लाभ हेतु आज निवेश करने जैसी नीतियों पर अमल कर रहे थे।"

वह इस बात को भी स्वीकार करती है कि पहले वह इस बात के प्रति

आश्वस्त नहीं थी कि लोग उसकी योजनाओं में रुचि लेंगे। जब लोगों ने देखा कि उसकी योजनाएँ बदलते रुझानों के अनुकूल हैं और उनमें उनके हितों का ध्यान रखा गया है तो वे उनमें रुचि लेने लगे, जिसे देखकर उसके आश्चर्य का ठिकाना नहीं रहा। उसके सहभाजित दृष्टिकोण ने हरेक को यह समझने में सहायता की कि पेप्सीको आगे किस दिशा में बढ़ने जा रही थी।

किसी नेता के लिए अपनी मान्यताओं के प्रति धैर्य होना महत्त्वपूर्ण है, परंतु वह हमेशा आसान नहीं होता, खासकर तब, जब उसमें बहुत सारे धन की संलिप्तता हो। इन्हीं कारणों से नेता के लिए अनुसंधान, दूसरों के सरोकारों को सुनना और उसके आधार पर प्राप्त जानकारी के अनुसार निर्णय लेना महत्त्वपूर्ण हो जाता है। इंदिरा के अंदर मान्यता का साहस भरपूर था, जिसने उसकी कठिन प्रस्तुतियों में उस समय सहायता की, जब कंपनी को बड़े पूँजी निवेश की आवश्यकता थी। ऐसे कठिन समय में उसका अनुसंधान एवं अध्ययन बहुत काम आया। यदि आपने अपना होमवर्क (गृह कार्य) नहीं किया है तो आप लोगों के साथ आगे नहीं बढ़ सकते। वह कहती हैं—"आपको सुनने एवं सभी चिंताओं पर ध्यान देने और शंका निवारण की अतिरिक्त युक्तियाँ खोजते हुए अपनी मान्यताओं का साहस विकसित करना चाहिए।"

किसी नेता के लिए अपनी मान्यताओं के प्रति धैर्य होना महत्त्वपूर्ण है, परंतु वह हमेशा आसान नहीं होता, खासकर तब, जब उसमें बहुत सारे धन की संलिप्तता हो। इन्हीं कारणों से नेता के लिए अनुसंधान, दूसरों के सरोकारों को सुनना और उसके आधार पर प्राप्त जानकारी के अनुसार निर्णय लेना महत्त्वपूर्ण हो जाता है, इंदिरा के अंदर मान्यता का साहस भरपूर था"

इंदिरा के अनुसार, किसी नेता की अंतिम योग्यता यह है कि उसमें लोगों के सामर्थ्य को पहचानने का गुण होना चाहिए। यह एक सर्वविदित तथ्य है

कि अत्यंत सफल कंपनियों में ऐसी कार्य-संस्कृति होती है, जिसमें प्रत्येक व्यक्ति, चाहे उसकी योग्यता अथवा उसका कोई भी पद क्यों न हो, स्वयं को गौरवान्वित महसूस करता है, इससे उसे यह समझने में मदद मिलती है कि वह भी कंपनी में अपना योगदान कर सकता/सकती है।

इंदिरा मान्यता एवं विविधता की संस्कृति का विकास कर रही हैं, वह जानती हैं कि कैसे सामर्थ्य बढ़ाने से प्रभावोत्पादक मान्यताओं का विकास होता है और उनसे सकारात्मक परिणाम प्राप्त होते हैं। पेप्सीको अपने कर्मचारियों एवं उससे जुड़े लोगों के लिए अनेक पहचान कार्यक्रमों को बढ़ावा देती है और इंदिरा को अपनी टीम के सदस्यों के अभिभावकों को पत्र लिखने में अत्यंत संतोष का अनुभव होता है। इंदिरा कहती हैं, "मैं उनके माता-पिता को बताती हूँ कि उनका पुत्र या पुत्री कितना महान् कार्य कर रहे हैं, यह मान्यता धन, शेयर, आलिंगनों, टिकटों से अधिक लाभप्रद हो जाती है, जब आपके माता-पिता आपसे कहते हैं कि मुझे तुम पर गर्व है, तुम्हारे बॉस ने अभी-अभी पत्र लिखकर बताया है कि तुम अद्वितीय हो, उनके चेहरे की चमक दस लाख डॉलर से अधिक कीमती है।"

मैं उनके माता-पिता को बताती हूँ कि उनका पुत्र या पुत्री कितना महान् कार्य कर रहे हैं, यह मान्यता धन, शेयर, आलिंगनों, टिकटों से अधिक लाभप्रद हो जाती है, जब आपके माता-पिता आपसे कहते हैं कि मुझे तुम पर गर्व है, तुम्हारे बॉस ने अभी-अभी पत्र लिखकर बताया है कि तुम अद्वितीय हो, उनके चेहरे की चमक दस लाख डॉलर से अधिक कीमती है।

वह कहती है कि इससे उसे अपने कर्मचारियों के साथ आत्मीय संबंध स्थापित करने में जबरदस्त सहायता मिली है। वह कहती हैं, "यह कार्य मैंने उनके लिए नहीं किया, बल्कि मैं यह कहना चाहूँगी कि मैंने ऐसा इसलिए किया, क्योंकि मैंने महसूस किया कि कंपनी को इसी तरीके से चलाना चाहिए।"

हम इंदिरा के इन तीन गुणों को पुनः रेखांकित करना चाहेंगे कि इंदिरा उन नीतियों का पालन करती हैं, जिनसे एक महान् नेता बनता है—दृष्टि निर्माण, अपनी मान्यताओं के प्रति साहस और अपने लोगों की शक्ति का उद्घाटन इसके प्रमुख तत्त्व हैं।

अपने पीछे छोड़ी गई विरासत की ओर मुड़कर देखते हुए विगत छह वर्षों में पेप्सीको के साथ अपने कार्यकाल के विषय में इंदिरा कहती हैं, "मैं कहना चाहूँगी कि मैंने वैश्विक उद्योग के लिए नौ सी.ई.ओ. (मुख्य कार्यकारी अधिकारी) तैयार किए, यह एक व्यापक विरासत है, क्योंकि आप कह सकते हैं कि आपने ऐसे लोगों का चयन किया, उन्हें तैयार किया, उनका मार्गदर्शन किया और आगे चलकर वह अपनी तरह के सी.ई.ओ. बने।" वह आगे कहती हैं कि हम उन सभी को पेप्सीको में बनाए रख सकते थे, परंतु यह अधिक संभव नहीं था, क्योंकि उनके समक्ष प्रगति के अपार अवसर थे। इन लोगों को जीवन में तरक्की करते देखकर इंदिरा गर्व का अनुभव करती हैं; वह कहती हैं कि वे लोग उसके अपने बच्चों के समान हैं, जो खुली दुनिया में महान् कार्य करने निकले हैं। एक प्रकार से यह उस गुरु के आनंद की भाँति है, जो अपने शिष्यों को जीवन में अच्छे कार्य करते हुए देखकर अपार खुशी पाता है।

"मैं कहना चाहूँगी कि मैंने वैश्विक उद्योग के लिए नौ सी.ई.ओ. (मुख्य कार्यकारी अधिकारी) तैयार किए, यह एक व्यापक विरासत है, क्योंकि आप कह सकते हैं कि आपने ऐसे लोगों का चयन किया, उन्हें तैयार किया, उनका मार्गदर्शन किया और आगे चलकर वह अपनी तरह के सी.ई.ओ. बने।"

इंदिरा अपने कर्मचारियों के प्रति कितनी गहराई से सोचती हैं, इसका अनुमान इसी तथ्य से लगाया जा सकता है कि वह लगभग अपने प्रत्येक साक्षात्कार में उनके बारे में बात करती हैं। अन्य लोग क्या सोचते हैं, इसके विपरीत वह महसूस करती हैं कि कर्मचारीगण पहले माता-पिता, चाचा-

चाची और भाई-बहन तथा पड़ोसी और समाज के सदस्य होते हैं, उसके बाद ही वे पेप्सीको के कर्मचारी होते हैं। उसका उन लोगों से भी मतभेद है, जो कहते हैं कि कर्मचारी को कंपनी में प्रवेश करने से पहले अपने पारिवारिक रिश्ते-नातों को घर में ही छोड़ देना चाहिए; परंतु वह इसके ठीक उलट महसूस करती हैं, वह कहती हैं—"कर्मचारियों को अपनी सभी पहचानों के साथ कंपनी परिसर में प्रवेश करना चाहिए; उन्हें अपने व्यक्तिगत स्वत्व को कंपनी के द्वार पर नहीं त्यागना चाहिए, ताकि ऐसा न लगे कि उनके स्थान पर कोई अन्य व्यक्ति काम कर रहा है और हमें आशा करनी चाहिए कि उनके कर्मचारी स्वत्व उनके साथ हैं।" वह कहती हैं कि संपूर्ण व्यक्तित्व को एक साथ होना चाहिए, न कि टुकड़ों में; वह इस तथ्य को स्वीकार करती हैं कि कोई कर्मचारी अपने कार्यालय में वही समस्या लाता है, जिसका सामना वह घर में कर रहा होता है। ऐसे परिदृश्य में बॉस का कर्तव्य बनता है कि वह अपने अधीनस्थ कर्मचारी से बात करे और उन तरीकों का पता लगाए, जिनसे उसकी सहायता की जा सके।

> ***कर्मचारियों को अपनी सभी पहचानों के साथ कंपनी परिसर में प्रवेश करना चाहिए; उन्हें अपने व्यक्तिगत स्वत्व को कंपनी के द्वार पर नहीं त्यागना चाहिए, ताकि ऐसा न लगे कि उनके स्थान पर कोई अन्य व्यक्ति काम कर रहा है और हमें आशा करनी चाहिए कि उनके कर्मचारी स्वत्व उनके साथ हैं।***

इंदिरा ने अपने कार्मिकों की निष्ठा सुनिश्चित करने हेतु अनेक युक्तियाँ अपनाई हैं। वह कहती हैं कि यह जानना पदस्थ अधिकारी का कर्तव्य है कि प्रत्येक सदस्य क्या महसूस कर रहा है, अपने कार्यकलाप की चर्चा करते हुए वह कहती हैं कि यदि किसी बैठक में वह किसी व्यक्ति को अपने आप में खामोश बैठा देखती है या उसे फर्श पर देखते हुए पाती है तो कुछ पल के लिए बैठक की काररवाई को रोक देती है और उस व्यक्ति को अपने ऑफिस में बुलाकर अपनी समस्या का विस्तारपूर्वक वर्णन करने

का आग्रह करती हैं। इससे यह सुनिश्चित होता है कि कर्मचारी ने अपनी सभी समस्याओं को उसके समक्ष रख दिया है और इसके साथ-ही-साथ वह यह भी महसूस करता है कि सी.ई.ओ. उसके बारे में कितना सोचती हैं; इससे कंपनी के साथ उसका लगाव और भी प्रगाढ़ हो जाता है। □

उच्च पद प्राप्ति

सफलता की कोई भी कहानी किसी की व्यक्तिगत सफलता की कहानी नहीं होती, उसमें अन्य लोग भी योगदान करते हैं। इन व्यक्तियों में उसके परिवार के सदस्य तथा वे सभी लोग शामिल होते हैं, जो उसमें मूल्य आत्मसात् करते हैं, उसका समर्थन करते हैं तथा समन्वय के साथ काम करते हैं। इंदिरा प्रेसीडेंट (अध्यक्ष) के पद तक पहुँच गई, परंतु उसके सहकर्मी स्टीवन एस. रेनेमंड उससे एक कदम आगे थे; उन्हें बोर्ड अध्यक्ष और सी.ई.ओ. (चीफ एग्जीक्यूटिव ऑफिसर) का पद प्राप्त हुआ था। जब उन्हें उनकी प्रोन्नति की सूचना दी गई तो उन्होंने कहा कि जब तक इंदिरा उसके बाद वाला पद नहीं सँभालेगी, उन्हें यह प्रोन्नति स्वीकार नहीं होगी। अपनी वैयक्तिक क्षमताओं में दोनों ने एक सही प्रबंधन टीम तैयार की। इंदिरा जहाँ संपूर्ण चित्र को सामने रखकर रणनीतिक रूप से विचार करती थीं, स्टीवन के पास संचालन का विशाल अनुभव था। उन्होंने दो विशिष्ट व्यक्तित्वों के रूप में एक साथ कार्य प्रारंभ किया था। उन्हें देखकर कई बार लगता था कि वे एक-दूसरे के विरोधी हैं, लेकिन उनके उन्मुक्त विचारों ने सिद्ध किया कि दोनों में से प्रत्येक जब परस्पर मिल जाते थे तो उनकी हैसियत बढ़ जाती थी। यही कारण था कि वे एक-दूसरे के साथ जुड़े रहते थे। जब वे दोनों एक-दूसरे को अच्छी तरह जान गए तो उन्होंने एक शानदार टीम का गठन किया, जिसके परिणामस्वरूप अमेरिका में सफलतम व्यावसायिक घराने उनसे ईर्ष्या करने लगे।

इंदिरा का लक्ष्य एकदम सरल था, वह चाहती थी कि पेप्सीको दिन या रात के प्रत्येक घंटे में एक भोजन या नाश्ता पेश करे। जैसे-जैसे उत्पादों की शृंखला का विस्तार हुआ, कंपनी की प्रतिस्पर्धा कोको-कोला तक सीमित नहीं रह गई। वह ऐसी अनेक कंपनियों के साथ होड़ करने लगी, जो खाद्य के क्षेत्र में थीं। पेप्सीको के उत्पादों की प्रभावशाली शृंखला में आहार और शीतल पेयों के अतिरिक्त माउंटेन डिउ, रास-ए-रोनी, कैप्टन क्रंच, गैटोरेड खेल पेय, डोरिटोस और एक्वाफिना तथा अन्य उत्पाद शामिल थे। दोनों साथ मिलकर स्वास्थ्य पर ध्यान केंद्रित करते हुए बढ़त हासिल करने और भिन्न मिश्रित उत्पादों की अनवरत शृंखला प्रस्तुत करने का प्रयास कर रहे थे।

इंदिरा और स्टीवन दोनों मिलकर पेप्सीको को उन बाजारों में ऐसे बलिष्ठ योद्धा के रूप में उतारना चाहते थे, जिनमें अभी तक उसका प्रतिनिधित्व नहीं था। उदाहरणार्थ, कंपनी के प्रारंभिक ब्रांड उपनगरीय क्षेत्रों में सफल थे और अब वे अपना ध्यान मोड़कर शहरी क्षेत्रों पर केंद्रित करना चाहते थे।

इंदिरा और स्टीवन दोनों मिलकर पेप्सीको को उन बाजारों में ऐसे बलिष्ठ योद्धा के रूप में उतारना चाहते थे, जिनमें अभी तक उसका प्रतिनिधित्व नहीं था। उदाहरणार्थ, कंपनी के प्रारंभिक ब्रांड उपनगरीय क्षेत्रों में सफल थे और अब वे अपना ध्यान मोड़कर शहरी क्षेत्रों पर केंद्रित करना चाहते थे। स्टीवन ने एक बार कहा था, "हम उपनगरीय क्षेत्रों में श्रेष्ठ विपणन कंपनी हैं, जिसे हमने समय के साथ विकसित किया है, लेकिन शहरी बाजारों में विस्तार के बड़े अवसर हैं।"

उत्पादों की बढ़ती शृंखला के संदर्भ में स्टीवन के योगदान को मान्यता प्रदान करते हुए इंदिरा कहती हैं कि स्वास्थ्य एवं प्रसन्नचित्तता (वेलनेस) पर वास्तविक चिंतन 1996-97 में प्रारंभ हुआ और उसे स्टीवन द्वारा आगे बढ़ाया गया। जब आपके नियंत्रण में विशाल स्थापित कंपनी होती है तो आप ऐसा कोई कदम नहीं उठा सकते, जिसे अत्यंत क्रांतिकारी कहा जा सकता हो; प्रत्येक

कदम को इस तथ्य का संज्ञान लेना होगा कि उत्पादों की प्रकृति में परिवर्तन करते समय कंपनी के मौलिक ढाँचे और आधारिक संरचना का भरपूर उपयोग किया जा सके। अपने व्यक्तिगत स्तर पर इंदिरा अपना ध्यान लोगों के स्वास्थ्य एवं प्रसन्नता पर केंद्रित करना चाहती थीं, जिसका अर्थ है कि वह चाहती थीं कि लोग ऐसे उत्पादों का आनंद लें, जो उनके स्वास्थ्य के लिए भी अच्छे हों।

इंदिरा कंपनी का प्रभाव बढ़ाने की दिशा में परिवर्तन लाने के विषय में सोच रही थीं, परंतु पेप्सीको अपनी 'फन स्नैक्स' की श्रेणी में आनेवाले शीतल पेयों के लिए विख्यात थी (और है) और उसके हिस्से में कंपनी का 70 प्रतिशत कारोबार आता था और अब भी लगातार बढ़ रहा था। अत: इस भाग में उदासीनता कंपनी के लिए घातक सिद्ध हो सकती थी और इंदिरा के पास केवल एक विकल्प खुला था कि वह स्वास्थ्य एवं प्रसन्नचित्तता वाले उत्पादों को आगे बढ़ाए, बजाय इसके कि अच्छी बिक्रीवाले उत्पादों को नीचे लाए। वह कहती हैं, "जब तक यह बढ़त जारी है, तब तक आप उसे आसानी से नहीं पकड़ सकते, जब तक कि आप कुछ बड़ा नहीं करते।"

इंदिरा कंपनी का प्रभाव बढ़ाने की दिशा में परिवर्तन लाने के विषय में सोच रही थीं, परंतु पेप्सीको अपनी 'फन स्नैक्स' की श्रेणी में आनेवाले शीतल पेयों के लिए विख्यात थी (और है) और उसके हिस्से में कंपनी का 70 प्रतिशत कारोबार आता था और अब भी लगातार बढ़ रहा था।

बाजार सर्वेक्षण से ज्ञात हुआ कि शीतल पेयों से ग्राहक प्रसन्न थे; उनमें से अनेक ने व्यंग्य करते हुए कहा कि कंपनी को हमें यह बताने की हिमाकत नहीं करनी चाहिए कि हम क्या खाएँ और क्या न खाएँ। इंदिरा कहती हैं—"इसका अर्थ यह था कि हमें सावधान रहना चाहिए...हम 'फन फॉर यू' की गुणवत्ता सुधार सकते हैं, तभी हम अन्य उत्पादों के लिए कोई जगह बना सकते हैं।"

इंदिरा कहती हैं कि 'फन फॉर यू' एवं 'गुड फॉर यू' उत्पादों के बीच आदर्श अनुपात 50-50 होना चाहिए, परंतु वास्तव में यह अनुपात उस समय 70-30 था। हमारा स्वप्न था कि हम वास्तविक कठोर तथ्यों को पकड़ें और तत्कालीन तथ्य यह था कि 'फन फॉर यू' उत्पादों की शृंखला अच्छी जा रही थी और इस दर से बढ़ रही थी कि उसे पकड़ पाना मुश्किल था। उसके शब्दों में, "इसलिए नहीं, क्योंकि हम 'गुड फॉर यू' को आगे नहीं बढ़ा सकते हैं, बल्कि इसलिए कि पोर्टफोलियो का 70 प्रतिशत भाग इतनी तेजी से बढ़ रहा था कि 'गुड फॉर यू' को आगे बढ़ाकर हमारे लिए उसे पकड़ना और अनुपात में पुनः संतुलन बनाना कठिन था।"

इंदिरा आदर्श स्थिति का वर्णन इन शब्दों में करती हैं—बढ़ती जनसंख्या और स्वास्थ्य के प्रति लोगों में बढ़ती जागरूकता, जो उत्पाद पौष्टिकता के आधार पर वास्तव में अच्छे हैं अथवा किसी अन्य उपलब्ध वस्तु से पौष्टिक दृष्टिकोण से उत्तम हैं, उनके लिए बड़ी संभावनाएँ हैं, ये श्रेणियाँ किसी अन्य चीज की अपेक्षा कई गुना अधिक तेजी से बढ़ रही हैं।

इंदिरा आदर्श स्थिति का वर्णन इन शब्दों में करती हैं—बढ़ती जनसंख्या और स्वास्थ्य के प्रति लोगों में बढ़ती जागरूकता, जो उत्पाद पौष्टिकता के आधार पर वास्तव में अच्छे हैं अथवा किसी अन्य उपलब्ध वस्तु से पौष्टिक दृष्टिकोण से उत्तम हैं, उनके लिए बड़ी संभावनाएँ हैं, ये श्रेणियाँ किसी अन्य चीज की अपेक्षा कई गुना अधिक तेजी से बढ़ रही हैं।

इंदिरा इस बात पर विशेष बल देती हैं कि स्वाद से समझौता किए बिना स्वास्थ्य सरोकारों पर ध्यान देना आवश्यक है। वह कहती हैं, "मैं हरेक व्यक्ति के स्वाद पर ध्यान देते हुए वही उत्तम स्वाद उपलब्ध करा रही हूँ, इसलिए आपको स्वाद और स्वास्थ्य के बीच चयन का विकल्प खोजने की आवश्यकता नहीं है। हम अपने उत्तमोत्तम उत्पाद ला सकते हैं और अपनी क्षमता के कारण उन्हें वहनीय तथा सुगम

बनाकर उनकी उपलब्धता सुनिश्चित कर सकते हैं; इसके साथ-साथ हम उनकी पौष्टिकता भी बनाए रखते हैं।"

इंदिरा इस बात को लेकर भी सचेत रहती हैं कि लोग 'फन फॉर यू' श्रेणी के अंतर्गत आनेवाले अस्वास्थ्यकर उत्पादों को हर समय अधिक न खाएँ। वह यह भी चाहती हैं कि लोगों को स्वास्थ्यप्रद विकल्प मिलें; इस प्रकार की सोच उसकी रणनीतिक सोच का महत्त्वपूर्ण भाग थी। एक साक्षात्कार में वह आत्मविश्वासपूर्वक कहती हैं कि उसे लोगों के स्वास्थ्य की चिंता है। उसने कहा, "मैं अपनी फाइल (पोर्टफोलियो) देखती हूँ और 'ईश्वर को धन्यवाद देती हूँ।' मेरे कहने का आशय यह है कि मैं शून्य ताप (कैलोरी) वाले सोबे (SoBe) लाइफ वाटर पर दृष्टि डालती हूँ, मैं आधे तापवाले जी2 को देखती हूँ, मैं चीन में निर्मित इन वानस्पतिक औषधीय पेयों पर नजर दौड़ाती हूँ, ये सभी अतुल्य उत्पाद हैं, मैं 'गुड फॉर यू' शृंखला के अंतर्गत नेकेड जूस और क्वेकर ओट्स को पाती हूँ, मैं अपने सभी उत्पादों पर ध्यान देती हूँ। मेक्सिको के साबुत गेहूँ से बनी स्टिला बार को देखती हूँ, मैं इन सभी चीजों को देखकर पेप्सीको जैसी कंपनियों के लिए अपनी कार्यावली में परिवर्तन लाने और उत्तम स्वादिष्ट उत्पाद उपलब्ध कराने हेतु ईश्वर का शुक्रिया अदा करती हूँ।"

> ***इंदिरा इस बात को लेकर भी सचेत रहती हैं कि लोग 'फन फॉर यू' श्रेणी के अंतर्गत आनेवाले अस्वास्थ्यकर उत्पादों को हर समय अधिक न खाएँ। वह यह भी चाहती हैं कि लोगों को स्वास्थ्यप्रद विकल्प मिलें; इस प्रकार की सोच उसकी रणनीतिक सोच का महत्त्वपूर्ण भाग थी।***

अपनी बात को आगे बढ़ाते हुए वह कहती हैं कि किसी भी आहार के लिए स्वादिष्ट होना आवश्यक है, उपभेक्ता गत्ते के टुकड़े जैसी किसी स्वादरहित चीज को खाना पसंद नहीं करेगा। वह आगे जोड़ती हैं, "ये सभी अच्छे स्वाद वाले उत्पाद हैं, हम अपने उत्पादों में अब भी नमक, चीनी में

कमी कर रहे हैं। हम अपने उत्पादों को गरम, स्वास्थ्यप्रद तेल में तल रहे हैं—मैं सोचती हूँ कि हम अपनी कार्यावली में व्यापक रूपांतरण करके उत्तम कार्य कर रहे हैं और मेरी इच्छा है कि प्रत्येक खाद्य एवं पेय निर्माता कंपनी ऐसा ही करे।"

समाज की स्वस्थता एवं प्रसन्नता के विषय में अपने दर्शन का विवरण देते हुए इंदिरा कहती हैं कि कंपनियाँ जिस देश में कार्य कर रही हैं, उसके समाज के प्रति उनकी भी कुछ जिम्मेदारियाँ हैं। यह जिम्मेदारी मात्र अपने उत्पादों के वितरण तक ही सीमित नहीं हैं, बल्कि उन्हें अपने मन में कोई उद्‌देश्य रखकर यह कार्य करना चाहिए। यह बात भी निश्चित है कि कंपनियाँ राष्ट्रीय एवं वैश्विक अर्थव्यवस्था की प्रमुख संवाहक हैं। उसके शब्दों में—"सौ सर्वाधिक शक्तिशाली आर्थिक संस्थानों में से एक-तिहाई स्थान कंपनियों का है, आप बड़े बहुराष्ट्रीय निगमों के आकार से परिचित हैं। मेरे कहने का अर्थ है कि हमारी कंपनी की बाजार पूँजी 100 अरब डॉलर है और यह उल्लेखनीय है, अतः समाज में हमारा प्रभावशाली स्थान है—हम जीवन पद्धतियों को आकार देते हैं, हम अंतर्संवादीय समाज के व्यवहार को आकार देते हैं और यह कोई नई बात नहीं है, यह कार्य पेप्सीको विगत कुछ वर्षों से करती आ रही है। मैं सोचती हूँ कि मैं उस दिशा में कुछ नए आयाम जोड़ रही हूँ।"

समाज की स्वस्थता एवं प्रसन्नता के विषय में अपने दर्शन का विवरण देते हुए इंदिरा कहती हैं कि कंपनियाँ जिस देश में कार्य कर रही हैं, उसके समाज के प्रति उनकी भी कुछ जिम्मेदारियाँ हैं। यह जिम्मेदारी मात्र अपने उत्पादों के वितरण तक ही सीमित नहीं हैं, बल्कि उन्हें अपने मन में कोई उद्‌देश्य रखकर यह कार्य करना चाहिए।

शासन के शीर्ष पर अपने अनेक वर्षों के दौरान इंदिरा ने पेप्सीको को न्यूयॉर्क स्टॉक एक्सचेंज में सूचीबद्ध कराने सहित बड़े व्यावसायिक निगमों में

प्रतिष्ठित स्थान प्राप्त करने में सहायता की है, लाभ एवं प्रचालनों के मामले में भी वह अच्छा कर रही है, परंतु इतनी बड़ी उपलब्धि के बाद भी इंदिरा अति आत्मविश्वासी, आत्मसंतुष्ट नहीं हुई, वह ठोस धरातल पर अपने पाँव जमाए हुए हैं और कहती हैं—यह अच्छा समाचार है और बुरा भी, क्योंकि यदि आप कोई गलती करते हैं तो आपके नीचे गिरने के अतिरिक्त अन्य कोई स्थान नहीं है, हमने अपने कार्यप्रदर्शन का उच्च स्तर बनाए रखा है।"

इंदिरा का अपने कर्मचारियों में जबरदस्त विश्वास है और वह मानती है कि उनके सक्रिय सहयोग एवं योगदान के बिना कंपनी इतनी प्रगति नहीं कर सकती थी, वह घर में परिवार के महत्त्व को जानती है और इसके साथ-साथ वह मानती है कि कर्मचारियों को अपने विस्तारित परिवार की तरह देखा जाना चाहिए। वह महसूस करती है कि आपके पास संतुलन बनाए रखने हेतु विस्तारित परिवार होना ही चाहिए। वह यह भी चाहती है कि कर्मचारी खुद को कंपनी के विस्तृत परिवार के अंग के रूप में देखे और कंपनी का प्रत्येक व्यक्ति उसकी हरसंभव सहायता करने को तैयार रहे। उसने सुनिश्चित किया कि कर्मचारी वास्तव में अपने काम और परिवार के बीच संतुलन बनाए रखें।

> *इंदिरा का अपने कर्मचारियों में जबरदस्त विश्वास है और वह मानती है कि उनके सक्रिय सहयोग एवं योगदान के बिना कंपनी इतनी प्रगति नहीं कर सकती थी, वह घर में परिवार के महत्त्व को जानती है और इसके साथ-साथ वह मानती है कि कर्मचारियों को अपने विस्तारित परिवार की तरह देखा जाना चाहिए।*

जहाँ तक उसके व्यक्तिगत जीवन का संबंध है, हम इस बात का उल्लेख पहले ही कर चुके हैं कि वह किस प्रकार अपना कार्य-जीवन संतुलन बनाती है। मानव संसाधन पर ध्यान रखते हुए वह कहती हैं, "...प्रतिभा उत्तरजीविता का संपूर्ण मुद्दा—हम यह कैसे सुनिश्चित करें कि जो लोग पेप्सीको में काम करने आते हैं, वे यहाँ केवल आजीविका कमाने नहीं आते,

बल्कि जीवन जीने आते हैं—लोगों की रचनात्मकता को उजागर करता है।" इस प्रकार की देखभाल के कारण अनेक रोचक प्रस्ताव भी आए हैं, जिन्होंने आनंद एवं गंभीरता को मिलाकर पेप्सीको को एक उत्तम कार्यस्थल बनाने में सहायता की है।

वह कोक जैसे सशक्त प्रतिद्वंद्वी का महत्त्व भी जानती है, वह कहती है, "…यदि आपके समक्ष कोई चुनौती नहीं है तो कंपनी कमजोर हो जाएगी।"

इंदिरा तीन वर्षों तक पेप्सीको की अध्यक्ष (प्रेजीडेंट) रही और इस अवधि के दौरान उसने उत्पादों की गुणवत्ता सुधारने के साथ-साथ वित्तीय मोरचे पर भी उल्लेखनीय कार्यप्रदर्शन सुनिश्चित किया। उसकी उच्च कार्यप्रदर्शन क्षमता का उसे पुरस्कार मिलना निश्चित था, परंतु यह आपको तभी नजर आएगा, जब आप उस पर ध्यान केंद्रित करेंगे। यह 1996 का वर्ष था, उसके भाग्य में अब कंपनी का मुखिया बनना लिखा था।

□

शासन के शीर्ष पर

इंदिरा ने सन् 1994 में पेप्सीको में प्रवेश करने के बाद अपनी जबरदस्त छाप छोड़ी थी। अपने काम की बदौलत आगे बढ़ते-बढ़ते अब वह शीर्ष पद की प्रत्याशी बन चुकी थी। कंपनी बोर्ड के समक्ष दो विकल्प थे, दूसरा विकल्प सह-मुख्य वित्तीय अधिकारी माइकल डी. वाइट थे, यदि वह (इंदिरा) सी.ई.ओ. बनती तो इतने बड़े बहुराष्ट्रीय निगम की प्रमुख बननेवाली पहली महिला और इससे भी बड़ी बात कि वह एक भारतीय महिला होती। उसने अपनी कार्य-पद्धति, कठोर श्रम एवं समर्पण के माध्यम से कंपनी पर गहरी छाप छोड़ी थी, इसके साथ-साथ वह आधुनिक वस्त्रों के साथ-साथ पारंपरिक भारतीय परिधान भी पहनती थी। बोर्ड रूम के बाहर प्रतीक्षा करते हुए उसने अनुमान लगाया कि उसकी माँ इस महत्त्वपूर्ण क्षण में उसके लिए प्रार्थना कर रही होगी, क्योंकि उसकी माँ शांता अकसर कहा करती थीं कि उसकी तरक्की मुख्यत: लंबे समय तक बैठक-कक्षों (मीटिंग रूम) में बैठने के कारण नहीं, बल्कि उसकी प्रार्थनाओं के कारण हुई है। यह सोचते-सोचते उसे काफी तनाव हो गया और पसीना पोंछते हुए वह मन-ही-मन मुसकरा उठी, उसके मन में यह ऊहापोह भी थी कि क्या इतने ऊँचे पद पर पहुँचने के बाद वह कुछ अच्छा कर पाने में सफल हो पाएगी?

बोर्ड के सामने विकट समस्या थी, दूसरे प्रत्याशी माइकल डी. वाइट ने भी उत्कृष्ट कार्यप्रदर्शन किया था; इंदिरा की तरह उसे भी संगीत से प्यार था और सबसे बड़ी बात यह कि दोनों (इंदिरा और माइकल) अच्छे मित्र भी

थे। एक अनुभवी सहकर्मी के रूप में वह परिचालन का काम देखते थे और प्रतिकूल परिस्थितियों में कंपनी के कर्णधार सिद्ध होते थे।

अंततः बोर्ड के निदेशक मंडल ने 1 अक्तूबर, 2006 को इंदिरा के पक्ष में निर्णय लिया। इंदिरा को जैसे ही इस निर्णय की जानकारी मिली, वह केप कॉड में छुट्टियाँ मना रहे वाइट से मिलने पहुँच गई। वह नहीं चाहती थी कि टीम के इतने महत्त्वपूर्ण सदस्य के मन में उसके प्रति कोई कटुता हो। अंततः नेता वही है, जिसे निर्वाचक सदस्य बनाते हैं और इंदिरा वाइट को नजरअंदाज नहीं कर सकती थी। वाइट को पेप्सीको में बने रहने को सहमत करने में इंदिरा सफल रही। उसने बोर्ड से यह अनुरोध भी किया कि वाइट का वेतन बढ़ाकर उसके वेतन के बराबर कर दिया जाए। केवल इतना ही नहीं, उसने यह भी सुनिश्चित किया कि बोर्ड की बैठकों में वाइट उसकी दाहिनी ओर बैठें।

यह बात ध्यान देने योग्य है कि दोनों एक-दूसरे का कितना आदर करते थे, वाइट ने टिप्पणी की, "मैं प्यानो बजाता हूँ और इंदिरा गाती है।" अपनी बारी आने पर इंदिरा ने कहा, "मैं माइक को अपने भागीदार के रूप में प्रयोग करती हूँ, वह बड़ी आसानी से सी.ई.ओ. बन सकते थे।"

यह बात ध्यान देने योग्य है कि दोनों एक-दूसरे का कितना आदर करते थे, वाइट ने टिप्पणी की, "मैं प्यानो बजाता हूँ और इंदिरा गाती है।" अपनी बारी आने पर इंदिरा ने कहा, "मैं माइक को अपने भागीदार के रूप में प्रयोग करती हूँ, वह बड़ी आसानी से सी.ई.ओ. बन सकते थे।"

इंदिरा अपने मन को भलीभाँति जानती है, वह कहती है—"मैं सोचती हूँ कि सी.ई.ओ. होना एक चुनौती है, आप उसे इसलिए नहीं करेंगे कि वह एक नौकरी है, वह एक चुनौती है और आपको उसमें मन, मस्तिष्क सहित जुड़े रहना होगा। आपके मन के अनुसार काम मिल गया है, आपको उस काम से प्यार करना चाहिए, वह आपको खपा लेता है और यदि आप सी.ई.ओ. के

काम को इस तरीके से करने के इच्छुक नहीं हैं तो आपके लिए उस काम में हाथ लगाने का कोई मतलब नहीं है और मैं काम से प्यार करती हूँ, मैं कंपनी से प्यार करती हूँ। मैं लोगों से प्यार करती हूँ, मैंने उससे तब भी प्यार किया, जब मैं प्रेसीडेंट थी और सी.ई.ओ. के रूप में भी मैं उससे उतना ही प्यार करती हूँ।"

वह पेप्सीको से कैसे प्यार करती है, यह उसके इस कथन से परिलक्षित होता है—"(यदि मैं पेप्सीको में काम न कर रही होती) मैं पेप्सीको में नौकरी पाने हेतु आवेदन कर रही होती! मैं महसूस करती हूँ कि जैसे मैं अपने घर में हूँ, जब मैं कहती हूँ कि मैं पेप्सीको जैसी कंपनी का हिस्सा होना चाहती थी या किसी अन्य कंपनी का माहौल बदलने की कोशिश कर रही होती तो इस बात को गंभीरता से लेना चाहिए कि वह कंपनी कमोबेश पेप्सीको जैसी ही होती।"

जब उससे पूछा गया कि वह घर और काम के मोरचे पर कैसे निपटेगी, तो उसने कहा, "मैं इस कंपनी को पहले से भी अधिक बड़ा बनाना चाहती हूँ और अब मुझे यह तय करना है कि समय के प्रत्येक पल में चाहे माँ के रूप में हो या पत्नी के रूप में अथवा एग्जीक्यूटिव के रूप में, हर समय उसी के बारे में सोचना है, यह एक दैनंदिन कार्य है।"

जब उससे पूछा गया कि वह घर और काम के मोरचे पर कैसे निपटेगी, तो उसने कहा, "मैं इस कंपनी को पहले से भी अधिक बड़ा बनाना चाहती हूँ और अब मुझे यह तय करना है कि समय के प्रत्येक पल में चाहे माँ के रूप में हो या पत्नी के रूप में अथवा एग्जीक्यूटिव के रूप में, हर समय उसी के बारे में सोचना है, यह एक दैनंदिन कार्य है।"

यह जानना एक रहस्योद्घाटन के समान होगा कि इंदिरा नूई एक पुस्तक लिखने की योजना बना रही हैं। यह कोई सामान्य घटना नहीं हो सकती, क्योंकि अनेक अन्य सी.ई.ओ. और लोगों की दृष्टि में जो लोग नायक बन

जाते हैं, वे सभी ऐसा करते हैं। उसकी नई पुस्तक ऐसे विषय पर केंद्रित होगी, जो कारोबारी सराकारों से आगे होंगे—'हाउ टु इंटीग्रेट वर्क ऐंड फैमिली विदाउट शॉर्ट-चेंजिंग आइदर', (किसी में कोई परिवर्तन किए बिना कार्य एवं परिवार को कैसे समेकित करें), इससे हम जान सकेंगे कि वह व्यावसायिक परिप्रेक्ष्य में परिवार की भूमिका को कितना अधिक महत्त्व देती है! यह ऐसा मुद्दा है, जिससे लाखों-करोड़ लोग रोजाना जूझते हैं और एक पत्नी एवं माँ के रूप में इंदिरा ने उस कंपनी, जिसके दुनिया भर में 2,60,000 कर्मचारी हैं, के शीर्ष पर रहते हुए इस स्थिति का सामना कैसे किया है!

मैं पेप्सीको में जिस चीज को सर्वाधिक पसंद करती हूँ, वह है हमारी टीम, जिसका निर्माण एक प्रकार से स्वामित्व संस्कृति के रूप में किया गया है। संस्कृति विद्यमान है, यह असाधारण है, मैं सोचती हूँ कि यही हमें विशिष्ट बनाती है, मैं जो काम कभी नहीं करना चाहती।

इंदिरा कर्मचारियों का महत्त्व जानती हैं और उन्हें अपने विस्तारित परिवार का अंग मानती हैं। वह कहती हैं, "मैं पेप्सीको में जिस चीज को सर्वाधिक पसंद करती हूँ, वह है हमारी टीम, जिसका निर्माण एक प्रकार से स्वामित्व संस्कृति के रूप में किया गया है। संस्कृति विद्यमान है, यह असाधारण है, मैं सोचती हूँ कि यही हमें विशिष्ट बनाती है, मैं जो काम कभी नहीं करना चाहती, उससे अपने लोगों को हमेशा अवगत कराती हूँ कि यदि आपको किसी अन्य कंपनी से समतुल्य प्रस्ताव मिले तो पहले उसकी तुलना करें और यदि वह हमसे अधिक आकर्षक लगे तो उसे स्वीकार कर लें, उस बिंदु पर मैं उनके दिलों को जीत लेती हूँ।"

उसके लिए समर्पण में कंपनी के प्रति निष्ठा समाहित होती है। एक अवसर पर वह कहती हैं, "जब कोई बड़ा शिकारी फोन करता है तो मैं उससे बात करना पसंद नहीं करती, मैं कहना चाहती हूँ कि मैं इस कंपनी से इतना अधिक प्यार करती हूँ कि किसी का फोन तक नहीं उठाती, क्योंकि

अंततोगत्वा लोग ही किसी कंपनी को बनाते या बिगाड़ते हैं, कोई संपत्ति अथवा ब्रांड नहीं। वह इस तथ्य से भलीभाँति परिचित हैं कि कोई कर्मचारी तभी प्रसन्न हो सकता है, जब उसका परिवार प्रसन्न हो। यही कारण है कि वह उनके साथ संवाद बनाए रखती है, वह कहती है, "मैं अपनी टीम के सदस्यों के परिवारों को सहयोग देना पसंद करती हूँ, क्योंकि मेरा अपना पेशा मेरे परिवार के प्रति निष्ठुर रहा है।"

शीर्ष स्तर पर काम करते हुए इंदिरा के पास अभिनव विचारों की कोई कमी नहीं है, जिन्हें वह सी.ई.ओ. की भूमिका में कार्यान्वित कर सकती है, खासतौर से स्त्रियों के लिए उसने आहारों की ऐसी शृंखला विकसित करने का इरादा जताया है, जिसे अभी तक अज्ञात श्रेणी में माना जाता है। एक रेडियो साक्षात्कार में वह कहती हैं, "पेप्सीको बाजार में ऐसे उत्पाद उतारने की तैयारी कर रही है, जिन्हें महिलाओं की प्राथमिकता एवं रुचियों के अनुसार अभिकल्पित एवं आवरणीकृत किया गया है। यह पुरुषों एवं महिलाओं की व्यवहारगत भिन्नताओं और आहारों के खाने के भिन्न तरीकों पर आधारित है।"

शीर्ष स्तर पर काम करते हुए इंदिरा के पास अभिनव विचारों की कोई कमी नहीं है, जिन्हें वह सी.ई.ओ. की भूमिका में कार्यान्वित कर सकती है, खासतौर से स्त्रियों के लिए उसने आहारों की ऐसी शृंखला विकसित करने का इरादा जताया है, जिसे अभी तक अज्ञात श्रेणी में माना जाता है।

6 अगस्त, 2018 को पेप्सीको ने पुष्टि की कि इंदिरा के. नूई सी.ई.ओ. का पद छोड़ेंगी। उनके स्थान पर कंपनी के 22 वर्ष पुराने रामोन लैगुआर्टा को लाया गया है। इंदिरा ने 2019 के प्रारंभ तक चेयरमैन के रूप में अपनी सेवाएँ जारी रखीं। सी.ई.ओ. के रूप में उसके कार्यकाल के दौरान कंपनी की बिक्री 80 प्रतिशत बढ़ी। उसने सी.ई.ओ. के रूप में 12 वर्षों तक काम किया। यह बड़ी कंपनियों के औसत सी.ई.ओ. कार्यकाल से 7 वर्ष अधिक है। उससे

पूछा गया कि क्या बोर्ड में संरचनात्मक परिवर्तनों पर कोई बहस हुई और क्या उस चर्चा से प्रभावित होकर उसे पेप्सीको छोड़ने का निर्णय लेना पड़ा? उसने कहा, "मैं 24 वर्षों तक कंपनी में रही और 12 वर्षों तक सी.ई.ओ. रही, बारह वर्ष, यह किसी सी.ई.ओ. के औसत कार्यकाल से अधिक है, मैंने लगभग एक वर्ष पूर्व चर्चा की शुरुआत की, "आप जानते हैं क्या?" यह परिवर्तन करने का समय है, 12 वर्ष का समय लंबा होता है और अब मैं अपने जीवन में कुछ अलग करना चाहूँगी। आइए, अब इस बात पर चर्चा करें कि हमारा परिवर्तन कितना व्यवस्थित एवं प्रभावी हो?"

इंदिरा ने बड़ी शानदार उपलब्धियों के साथ कंपनी के शासन की बागडोर छोड़ी। पेप्सीको आज कोक के बाद दुनिया का दूसरे नंबर का सर्वाधिक मान्यताप्राप्त पेय ब्रांड है और उसके उत्पादों में ट्रॉपिकाना, गैटारोड और क्वेकर ओट्स सहित अनेक अन्य ब्रांड शामिल हैं, जिनके अधिकार में अरबों डॉलर का कारोबार है। सबसे बड़ी बात यह है कि इंदिरा के कार्यकाल में ग्राहकों में यह विश्वास पैदा हुआ कि पेय एवं आहार सुरक्षित हैं और यह भी कि उनका स्वाद एवं मोहक रंगों का मिश्रण हमेशा एक जैसा होता है। इंदिरा नूई की परिभाषा के अनुसार, उसने अपने उत्पादों को कंपनी की संस्कृति एवं उद्देश्य से आगे जाकर निराकार एवं महत्त्वाकांक्षी बनाया। वह बड़े साफ मन से कहती हैं कि स्वादिष्ट चीजों का निर्माण ही पर्याप्त नहीं है। पेप्सीको को अनिवार्यतः एक अच्छी कंपनी भी होना चाहिए। उसे शीतल पेय और आहारों के निर्माण एवं बिक्री के रोजमर्रा

इंदिरा ने बड़ी शानदार उपलब्धियों के साथ कंपनी के शासन की बागडोर छोड़ी। पेप्सीको आज कोक के बाद दुनिया का दूसरे नंबर का सर्वाधिक मान्यताप्राप्त पेय ब्रांड है और उसके उत्पादों में ट्रॉपिकाना, गैटारोड और क्वेकर ओट्स सहित अनेक अन्य ब्रांड शामिल हैं, जिनके अधिकार में अरबों डॉलर का कारोबार है।

के कारोबार से आगे जाकर उच्चतर मूल्यों की आकांक्षा भी करनी चाहिए, जैसा कि आप पहले ही जानते हैं, इंदिरा इसे 'सोद्‌देश्य कार्यप्रदर्शन' की संज्ञा देती हैं, जिसे कंपनी के कंप्यूटरों के परदे पर दरशाया गया है।

जब उससे प्रश्‍न किया गया कि अब आगे वह क्या करना पसंद करेंगी, तो उसने अपने पत्ते नहीं खोले और कहा, "कोई विचार नहीं, यदि आपके पास कोई विचार है तो कृपया मुझे बताएँ, फिलहाल तो मेरा पूरा ध्यान सी.ई.ओ. के काम पर ध्यान देना है... (जिसके पश्‍चात्) मैं अपनी माँ एवं परिवार के साथ यात्रा पर जा रही हूँ। मेरी माँ वृद्ध हैं, उसके बाद मैं 2019 के प्रारंभ में कोई निर्णय लूँगी, इस बिंदु पर मैंने सी.ई.ओ. की नौकरी के आगे नहीं सोचा है, परंतु मैं इतना अवश्य जानती हूँ कि मैं कुछ अलग करना चाहती हूँ।"

इस अवसर पर उससे यह भी पूछा गया कि क्या उसने बोर्ड से समय बढ़ाने का अनुरोध किया था, उसने कहा, "पेप्सीको के विषय में रोचक बात यह है कि जिस दिन आप सी.ई.ओ. बनते हैं, आपके उत्तराधिकार का सिलसिला शुरू हो जाता है, क्योंकि आप आपात उत्तराधिकारण के विषय में सोचते हैं। हम यह काम अत्यंत सावधानी के साथ करते हैं, अतः कंपनी से बाहर जाने के विषय में बोर्ड से हुई मेरी चर्चा अत्यंत बुद्धिमत्तापूर्ण, जिम्मेदाराना एवं सुविचारित थी।"

पेप्सीको के विषय में रोचक बात यह है कि जिस दिन आप सी.ई.ओ. बनते हैं, आपके उत्तराधिकार का सिलसिला शुरू हो जाता है, क्योंकि आप आपात उत्तराधिकारण के विषय में सोचते हैं। हम यह काम अत्यंत सावधानी के साथ करते हैं, अतः कंपनी से बाहर जाने के विषय में बोर्ड से हुई मेरी चर्चा अत्यंत बुद्धिमत्तापूर्ण, जिम्मेदाराना एवं सुविचारित थी।

यह पूछे जाने पर कि पेप्सीको छोड़ने के बाद कंपनी पर उसका क्या प्रभाव पड़ेगा, क्या उससे कंपनी की दिशा, उर्वरता, ढाँचा इत्यादि बदल

जाएगा? इंदिरा ने कहा, "यह निर्णय रेमोन (लैगुआर्टा) को लेना होगा, उसे अपना समय लेने दीजिए, उसे अपना दृष्टिकोण निरूपित करने दीजिए, मैं केवल इतना कह सकती हूँ कि वह जो कुछ भी करेंगे या सोचेंगे, वह कंपनी के लिए अच्छा ही होगा। वह बहुत अच्छे कार्यकारी अधिकारी हैं। वे वही करेंगे, जो कंपनी के लिए उचित होगा और उनके चयन में मैं उनका समर्थन करूँगी।"

यह पूछे जाने पर कि पेप्सीको में आपकी सबसे बड़ी उपलब्धि क्या है? इंदिरा ने मुसकराते हुए कहा, "हमने पेप्सीको को रूपांतरित कर दिया है, हमारी कार्यावली (पोर्टफोलियो) 'फन फॉर यू' उत्पादों से आगे निकलकर 'फन फॉर यू', 'बेटर फॉर यू' और 'गुड फॉर यू' तक पहुँच गई है। हम अधिक जिम्मेदार खाद्य प्रबंधक बन गए हैं, हमने अपनी जल-खपत में कमी की है, पुनर्चक्रण की गति बढ़ाई है और कार्बन में कमी की है। हमने यही सब करने के बारे मे तय किया था; यह सब करते हुए हमने यह भी कहा था कि हम अल्पकालिक परिणाम भी देना चाहते हैं, हमने सुई को परफॉर्मेंस (परिणाम) एवं परपज (उद्देश्य) के धागे में पिरोया और जबरदस्त कमाई करते हुए प्रति शेयर वृद्धि दर्ज की।"

> ***यह पूछे जाने पर कि पेप्सीको में आपकी सबसे बड़ी उपलब्धि क्या है? इंदिरा ने मुसकराते हुए कहा, "हमने पेप्सीको को रूपांतरित कर दिया है, हमारी कार्यावली (पोर्टफोलियो) 'फन फॉर यू' उत्पादों से आगे निकलकर 'फन फॉर यू', 'बेटर फॉर यू' और 'गुड फॉर यू' तक पहुँच गई है।***

अपनी प्रबलतम निराशा के संबंध में किए गए प्रश्न के प्रत्युत्तर में इंदिरा ने कहा, "यदि हमारे समक्ष बड़ी आर्थिक मंदी न होती तो हम अपनी यात्रा और भी अधिक तेजी से शुरू कर सकते थे, दूसरा तथ्य यह है कि उद्योग में कार्यकर्ताओं (एक्टिविस्ट्स) की भी भूमिका होती है, कभी उनकी भूमिका सकारात्मक होती है, कभी नहीं होती, परंतु जो कुछ मैं आपको बताना चाहती

हूँ, वह कुल-मिलाकर यह है कि हम कार्यकर्ताओं की भूमिका से अधिक विचलित नहीं हुए और अपने लक्ष्य की ओर अधिक सचेत एवं सक्रिय होकर आगे बढ़ते रहे; परंतु क्या आप यह बात जानते हैं कि हमें उनसे कोई शिकायत नहीं है, क्योंकि कार्यकर्ताओं ने हमें अधिक समझदार बनाया है। हमें अपने पोर्टफोलियो पर अधिक गंभीरतापूर्वक ध्यान बनाए रखने के प्रति सचेत किया है, अत: समय बीतने के साथ किसी भी सी.ई.ओ. के लिए तेजी से काम करना जरूरी होता है, मुझे तेजी से काम करना प्रिय है।"

> ***परंतु क्या आप यह बात जानते हैं कि हमें उनसे कोई शिकायत नहीं है, क्योंकि कार्यकर्ताओं ने हमें अधिक समझदार बनाया है। हमें अपने पोर्टफोलियो पर अधिक गंभीरतापूर्वक ध्यान बनाए रखने के प्रति सचेत किया है, अत: समय बीतने के साथ किसी भी सी.ई.ओ. के लिए तेजी से काम करना जरूरी होता है, मुझे तेजी से काम करना प्रिय है।***

सन् 2019 में इंदिरा कनेक्टीकट के आर्थिक एवं सामुदायिक विकास विभाग की साझेदारी में नवनिर्मित सार्वजनिक-निजी 'कनेक्टीकट आर्थिक संसाधन केंद्र' की सह-निदेशक बनी। वह राज्य की नई विकास रणनीति के निर्माण में सहायता करेगी।

नूई इंटरनेशनल क्रिकेट काउंसिल (अंतरराष्ट्रीय क्रिकेट परिषद्), यूएस-इंडिया बिजनेस काउंसिल (अमेरिका-भारत व्यापार परिषद्), कंज्यूमर गुड्स फोरम (उपभोक्ता वस्तु मंच), कैटलिस्ट लिंकन सेंटर फॉर परफॉर्मिंग आर्ट्स (प्रणेता, लिंकन अभिनय कला केंद्र), शिंगहुआ यूनिवर्सिटी स्कूल ऑफ इकोनॉमिक्स ऐंड मैनेजमेंट (शिंगहुआ विश्वविद्यालय अर्थशास्त्र एवं प्रबंधन विद्यालय), वर्ल्ड इकोनॉमिक फोरम (विश्व आर्थिक मंच) और एशिया सोसाइटी जैसे गैर-लाभ संगठनों के बोर्ड में भी काम करती है।

इंदिरा ने कोविड-19 महामारी की लड़ाई के मोरचे पर भी काम किया। अप्रैल 2020 में घोषणा की गई कि वह और याले विश्वविद्यालय के महामारी

विशेषज्ञ डॉ. अल्बर्ट कू कोविड-19 के प्रतिबंधों की सावधानीपूर्ण बनाए जानेवाले छह-राज्यीय कार्यकारी समूह में कनेक्टीकट का प्रतिनिधित्व करेंगे। दोनों 'रिओपन कनेक्टीकट परामर्श समूह' के सह-अध्यक्ष होंगे।

दोनों कनेक्टीकट स्थित 'एडवांस सिटी' नामक अलाभकारी संगठन के सह-अध्यक्ष भी होंगे। वह एमेजॉन के निदेशक मंडल की सदस्य होने के साथ-साथ अनेक संगठनों की सदस्य हैं। परोपकारिता में भी उसे विश्वास है; 2016 में उसने अपने प्रारंभिक विद्यालय (अल्मा मेटर) : याले स्कूल ऑफ मैनेजमेंट को गुप्त राशि का उपहार दिया, वह इतिहास में विद्यालय की सबसे बड़ी दानी विद्यार्थी और अपने उपहार के साथ उच्चतम प्रबंधन विद्यालय के डीन का पद प्राप्त करनेवाली पहली महिला भी बन गई। उसने और उसके पति राज ने मिलकर कनेक्टीकट की साझेदारी के एक भाग के रूप में कोविड-19 संकट के दौरान कनेक्टीकट के जिला विद्यालयों को 1,87,000 पुस्तकें दान कीं।

इंदिरा को अनेक विश्वविद्यालयों द्वारा बड़ी संख्या में मानद उपाधियों सहित अनेक पुरस्कार एवं मान्यताएँ प्रदान की गईं। उसे प्राप्त होनेवाला शिखरतम पुरस्कार 'पद्मभूषण' पुरस्कार था, जो उसे अंतरराष्ट्रीय परिदृश्य में असाधारण कार्य के लिए 2007 में भारत के राष्ट्रपति द्वारा प्रदान किया गया था।

इंदिरा को अनेक विश्वविद्यालयों द्वारा बड़ी संख्या में मानद उपाधियों सहित अनेक पुरस्कार एवं मान्यताएँ प्रदान की गईं। उसे प्राप्त होनेवाला शिखरतम पुरस्कार 'पद्मभूषण' पुरस्कार था, जो उसे अंतरराष्ट्रीय परिदृश्य में असाधारण कार्य के लिए 2007 में भारत के राष्ट्रपति द्वारा प्रदान किया गया था। जब उसने दुनिया के विशालतम व्यापारिक घराने पेप्सीको की बागडोर सँभाली तो उसने भारत में जनमी पहली महिला के रूप में इतिहास रच दिया।

इंदिरा अमेरिका के प्रति कृतज्ञता का अनुभव करती है, जहाँ दुनिया के

किसी भी देश का कोई भी व्यक्ति अपने सपने साकार कर सकता है। कई लोग इस बात पर शोक प्रकट करते हैं कि अमेरिका के नवागंतुकों के सपने झूठे हैं; वे कभी पूरे नहीं हो सकते; परंतु उसकी पेशागत जटिलताएँ इस बात की गवाही देती हैं कि संभावनाओं का द्वार अभी भी खुला हुआ है और प्रतिभाएँ अब भी महत्त्वपूर्ण एवं समादृत हैं।

□

मन में

मन मनुष्य के व्यक्तित्व का निर्धारण करता है। इस पुस्तक की लेखन प्रक्रिया के दौरान हमने रेडियो, टी.वी. चैनलों और अन्य व्यक्तियों को दिए गए इंदिरा के. नूई के अनेक साक्षात्कारों के संक्षिप्तांशों को शामिल किया है। उसकी जिस विशेषता ने इस लेखक को उसका प्रशंसक बना दिया है, वह यह है कि वह दबाव की चिंता किए बिना स्पष्ट रूप से बोल सकती है, जिसके कारण उसे ईमानदार कहा जाता है। वह अपनी बात बड़ी बेबाकी से रखती है, क्योंकि सन् 2016 में हुए अमेरिकी राष्ट्रपति पद के चुनावों में क्लिंटन को हराकर ट्रंप अमेरिकी राष्ट्रपति बन गए थे, उस अवसर पर उसने कहा था, "क्लिंटन की पराजय ने मेरी पुत्रियों एवं पेप्सीको के कर्मचारियों को मायूस कर दिया है और कंपनी के कर्मचारियों, खासतौर से अश्वेत कर्मचारियों में ट्रंप के राष्ट्रपति बनने के कारण अपनी सुरक्षा को लेकर गंभीर चिंता उत्पन्न हो गई है।"

याले स्कूल ऑफ मैनेजमेंट के जैफ्री सोननफील्ड ने एक ब्लॉग पोस्ट में लिखा कि नूई ने नौकरियों में बुद्धिमत्ता, दृढ़ता एवं दूरदर्शिता का दुर्लभ मिश्रण प्रस्तुत किया। वह लिखते हैं—"उसने बार-बार सिद्ध किया है कि वह गहन चिंतन करती है। उसने अकसर दिखाया है कि गाली-गलौज किए बिना नेता किस प्रकार दृढ़ एवं प्रभावशाली हो सकते हैं। वह अपनी नेतृत्व पद्धति को लिंग के आधार पर हँसी का पात्र बनने की अनमुति नहीं देती और कूटनीति के माध्यम से उसने अपने पूर्ववर्तियों, सहकर्मियों, यहाँ तक कि एक समय उसके विरोधी रहे सक्रिय निवेशकों तक पर विजय प्राप्त की थी।"

उसके मंतव्य के समर्थन में जैफ्री एक घटना का उल्लेख करता है—“इसका एक उदाहरण यह है कि उसने कभी शंकालु रहे एक्टिविस्ट निवेशक नेल्सन पेल्ट्ज और उसकी संस्था ट्रायन पार्टनर्स के समक्ष अपना दृष्टिकोण सिद्ध कर दिया था। सन् 2013 में उसने पेप्सी में एक अंश खरीदकर विद्वेषपूर्ण अभियान चलाते हुए माँग की कि पेप्सी के पेय कारोबार से ‘फ्रिटो ले’ को अलग कर दिया जाए, उसने यह भी कहा कि उत्तरी अमेरिका के पेय कारोबार को भी शेष दुनिया से अलग कर दिया जाए। इंदिरा को अपनी समेकित ब्रांड निर्माण दृष्टि से गुंफित अपने वितरण चैनलों पर विश्वास था, फिर भी उसने ट्रायन के एक प्रतिनिधि को अपने बोर्ड में स्थान देते हुए उसका स्वागत किया और पेल्ट्ज के साथ मित्रता कर ली। इंदिरा की दूरदर्शिता के परिणामस्वरूप तीन वर्ष बाद ट्रायन ने 67 प्रतिशत के शानदार लाभ के साथ अपना हिस्सा बेच दिया।”

अतीत में अपनी विरासत के प्रति गर्व होना किसी कंपनी के लिए अच्छी बात है, परंतु इंदिरा ने दरशाया कि पेप्सीको जैसी पुरानी और बड़ी कंपनी के लिए अधिक अतीतजीवी होना अच्छा नहीं। उसने ऐसी अनेक नीतियाँ अपनाईं, जो पुरानी परंपरा से अलग थीं और दिखाया कि ये नीतियाँ असरदार तरीके से कारगर हो सकती हैं। उसने कंपनी के पुराने और नए उत्पादों के

> ***अतीत में अपनी विरासत के प्रति गर्व होना किसी कंपनी के लिए अच्छी बात है, परंतु इंदिरा ने दरशाया कि पेप्सीको जैसी पुरानी और बड़ी कंपनी के लिए अधिक अतीतजीवी होना अच्छा नहीं। उसने ऐसी अनेक नीतियाँ अपनाईं, जो पुरानी परंपरा से अलग थीं और दिखाया कि ये नीतियाँ असरदार तरीके से कारगर हो सकती हैं। उसने कंपनी के पुराने और नए उत्पादों के पोषणीयता आधार में क्रांतिकारी वृद्धि हेतु एक विशेषज्ञ अंतःस्राव विज्ञानी एवं मोटापा विशेषज्ञ को नियुक्त किया।***

पोषणीयता आधार में क्रांतिकारी वृद्धि हेतु एक विशेषज्ञ अंत:स्राव विज्ञानी एवं मोटापा विशेषज्ञ को नियुक्त किया। अतीत में कंपनी के 75 प्रतिशत उत्पाद 'फन फॉर यू' के अतर्गत कम स्वास्थ्यप्रद श्रेणी के थे। इंदिरा के पेप्सीको की कमान सँभालने के बाद पेप्सीको के आधे उत्पाद 'गुड फॉर यू' आहार की स्वादिष्ट सूची में चले गए। उसके कार्यकाल के दौरान प्रत्येक दो वर्ष में कंपनी ने अपने विशाल ब्रांडों की संख्या 16 से बढ़ाकर 22 कर दी और 10 लाख+ डॉलर के नए ब्रांड कारोबार का सृजन किया।

इंदिरा ने यह भी दिखाया कि अल्पकालिक वित्तीय लाभ और दीर्घकालिक निवेश के बीच प्रकल्पित दुविधा एक झूठी पसंद है। उसने अपने 'सोद्देश्य कार्यप्रदर्शन' मिशन के माध्यम से सिद्ध किया कि उत्तम कार्य करना अच्छा कार्य करने की तुलना में अनैतिक नहीं है। उसने जल के जिम्मेदाराना उपयोग की दिशा में उद्योग का नेतृत्व किया, मोटापा बढ़ाने वाले तत्त्वों को समाप्त किया और पेप्सीको के उत्पादों में चीनी की मात्रा नाटकीय रूप से कम कर दी।

इंदिरा ने यह भी दिखाया कि अल्पकालिक वित्तीय लाभ और दीर्घकालिक निवेश के बीच प्रकल्पित दुविधा एक झूठी पसंद है। उसने अपने 'सोद्देश्य कार्यप्रदर्शन' मिशन के माध्यम से सिद्ध किया कि उत्तम कार्य करना अच्छा कार्य करने की तुलना में अनैतिक नहीं है। उसने जल के जिम्मेदाराना उपयोग की दिशा में उद्योग का नेतृत्व किया, मोटापा बढ़ाने वाले तत्त्वों को समाप्त किया और पेप्सीको के उत्पादों में चीनी की मात्रा नाटकीय रूप से कम कर दी। उसने पैकेजिंग के पुनर्साधन योग्य विकल्पों का सूत्रपात किया और समुदायों तथा ग्राहकों की सहायता के उद्देश्य से अन्य प्रेरणास्पद एवं टिकाऊ संपोषणीय लक्ष्य प्राप्त किए।

आहारीय संतुलन पहले दिन से ही इंदिरा की रणनीति का प्रमुख तत्त्व

रहा है। सन् 2010 में उसने घोषणा की कि पेप्सी को सार्वजनिक स्वास्थ्य की चुनौतियों को 'एक वैश्विक चुनौती' मानते हुए उसके समाधान का अंग बनना चाहिए; उसके इस कथन का तात्पर्य यह था कि उसके उद्योग से जुड़ी सबसे बड़ी चुनौती मोटापा थी। उसकी कमान में पेप्सी ने अपने 'फन फॉर यू' उत्पादों का आकार छोटा कर दिया और यह सुनिश्चित करने हेतु अभियान चलाया कि उसके 'डायट' उत्पादों को पूरी ताकत के साथ उसके 'पूर्ण-चीनी' समकक्षों के समान प्रोन्नत किया जाए। उदाहरणार्थ, गैटारोड को दैनंदिन मनोरंजन के रूप में विज्ञापित किए जाने के बजाय, अब उसकी बिक्री विशेष रूप से खिलाड़ियों के लिए की जा रही है।

आज पेप्सीको के पास उत्पादों की विविधता वाली सूची है, वह अभी भी मीठे पेय और आलू के चिप्स बेचती है, किंतु उसके पास ट्रॉपिकाना, नेकेड जूस और ईज जैसे सहायक एवं स्वस्थ उत्पादों की श्रृंखला भी है। पेप्सीको में प्रवेश करने के बाद उसने पेप्सी को अपने उत्पादों में नमक, चीनी एवं मोटापा बढ़ाने वाले तत्त्वों को कम करने के लिए गतिमान कर दिया है, जबकि इसी समय वह आधुनिक समाज की माँगों के प्रत्युत्तर में अपने 'गुड फॉर यू' उत्पादों को बड़े पैमाने पर प्रस्तुत कर रही है। वह कहती हैं, "हमारी कंपनी का कारोबार भिन्न-भिन्न समय पर विकसित हुआ था, जैसे-जैसे समाज अधिक आलसी होता गया, समाज में खाद्य एवं पेय पदार्थों की पेशकश में भी परिवर्तन लाना जरूरी हो गया। 'फन'

आज पेप्सीको के पास उत्पादों की विविधता वाली सूची है, वह अभी भी मीठे पेय और आलू के चिप्स बेचती है, किंतु उसके पास ट्रॉपिकाना, नेकेड जूस और ईज जैसे सहायक एवं स्वस्थ उत्पादों की श्रृंखला भी है। पेप्सीको में प्रवेश करने के बाद उसने पेप्सी को अपने उत्पादों में नमक, चीनी एवं मोटापा बढ़ाने वाली तत्त्वों को कम करने के लिए गतिमान कर दिया है।

उत्पादों का भी एक समय एवं स्थान है, लेकिन हमें आगे बढ़ते हुए 'गुड फॉर यू' उत्पादों का भी बड़े पैमाने पर विकास करना होगा, जो कि बढ़ रही आलसी जनसंख्या के लिए उपयोगी हैं।"

दुनिया भर में अंशधारकों, समुदाय एवं समाज के प्रति अपने कर्तव्य को महसूस करते हुए वह कहती हैं, "अंततोगत्वा हमारी जैसी कंपनियाँ छोटे गणतंत्रों के समान हैं। पेप्सीको की बाजार पूँजी हमें दुनिया के कई देशों की अर्थव्यवस्था से बड़ा बनाती है। हमारी जैसी कंपनियों को केवल अंशधारकों के लाभ के लिए ही नहीं चलाया जाना चाहिए। हमें ऐसे तरीके से काम करना होगा, जो दुनिया भर के समाज एवं समुदायों के लिए अधिक संवेदनशील हो। मेरी शुभेच्छापूर्ण आशा है कि प्रत्येक कंपनी समाज में अपने स्थान को इसी रूप में देखती है और जिन देशों में वह व्यापार करती है, वहाँ के समाज और समुदायों में अपने कारोबार के तरीके में परिवर्तन लाते हुए उसे अधिक संवेदनशील बनाती है।"

दुनिया भर में अंशधारकों, समुदाय एवं समाज के प्रति अपने कर्तव्य को महसूस करते हुए वह कहती हैं, "अंततोगत्वा हमारी जैसी कंपनियाँ छोटे गणतंत्रों के समान हैं। पेप्सीको की बाजार पूँजी हमें दुनिया के कई देशों की अर्थव्यवस्था से बड़ा बनाती है। हमारी जैसी कंपनियों को केवल अंशधारकों के लाभ के लिए ही नहीं चलाया जाना चाहिए।

एक अन्य स्थान पर वह अवसर का लाभ उठाते हुए इस संबंध में कहती हैं, "विशाल कंपनियाँ शक्तिशाली हैं, वे बड़ी भूमिका निभा सकती हैं, अतः हमें समस्याओं के समाधान उपलब्ध कराने हेतु सरकारों के साथ मिलकर काम करने की आवश्यकता है। खाली बैठकर यह सोचने के बजाय कि कौन उत्तरदायी है, इसके बजाय हमारे सामने असली चुनौती यह है कि हम यह क्यों नहीं कहते कि हमें समाधान का अंग बनने की आवश्यकता है?"

जहाँ इंदिरा पुरानी रीतियों में नए विचारों का प्रयोग करती हैं, वहीं

वह यह भी सुनिश्चित करती हैं कि इनमें से कोई भी समाजोन्मुख विजय अंशधारकों के धन के बल पर नहीं प्राप्त की जानी चाहिए। हमारे प्रतिद्वंद्वियों के 130 प्रतिशत से तुलना की जाए तो हमारी संपूर्ण अंशधारिता आय 162 प्रतिशत पर पहुँच गई है। पेप्सीको के शेयरों ने अपने प्रबल प्रतिद्वंद्वी कोका-कोला के शेयरों से दो गुनी से अधिक वृद्धि हासिल की है। जिस समय इंदिरा ने कमान सँभाली थी, उस समय पेप्सीको की सालाना आय 35 अरब डॉलर थी, जो उसके कार्यकाल के अंतिम वर्ष में बढ़कर 63.5 अरब डॉलर हो गई और इसके साथ ही इस अवधि में कंपनी का सकल मूल्य लगभग दुगुना हो गया।

जहाँ इंदिरा पुरानी रीतियों में नए विचारों का प्रयोग करती हैं, वहीं वह यह भी सुनिश्चित करती हैं कि इनमें से कोई भी समाजोन्मुख विजय अंशधारकों के धन के बल पर नहीं प्राप्त की जानी चाहिए। हमारे प्रतिद्वंद्वियों के 130 प्रतिशत से तुलना की जाए तो हमारी संपूर्ण अंशधारिता आय 162 प्रतिशत पर पहुँच गई है।

इंदिरा की महानतम उपलब्धि यह है कि उसने आत्मोत्थान (निजी तरक्की) के बिना यह प्रतिष्ठा अर्जित की है। उसने सबसे शक्तिशाली लोगों (कहने की जरूरत नहीं कि सर्वाधिक शक्तिशाली महिला नेताओं) की सूची बनानेवाली 'फोर्ब्स' एवं 'फार्च्यून' की सूचियों में अपने उद्योग के लिए प्रत्येक पुरस्कार जीतते हुए प्रतिष्ठा प्राप्त की है। उसके काम करने का तरीका जमीन से जुड़ा हुआ है, वह आत्मसंतोषी प्रचार सामग्रियों तथा भव्य प्रेस वक्तव्यों का विकल्प चुनने की बजाय स्वयं पूरे अमेरिका एवं विश्व का दौरा करती है और लोगों को पेप्सीको के सामूहिक लक्ष्यों से अवगत कराती हैं।

वर्ष 2008 में इंदिरा को 'अमेरिका-भारत व्यापार परिषद्' का अध्यक्ष चुना गया। यह परिषद् भारत और अमेरिका के मध्य समेकित द्विपक्षीय व्यापारिक परिवेश के निर्माण हेतु अस्तित्व में आई थी। इसे दोनों देशों के बीच उद्योग की आवाज के रूप में अपनी सेवाएँ उपलब्ध करानी थीं। इसके

साथ-साथ इसके अन्य दायित्वों में सरकारों को व्यापारों से जोड़ना और दीर्घकालिक वाणिज्यिक भागीदारियों को अपना समर्थन प्रदान करना था, ताकि उससे उद्यमिता की भावना को संपोषित करते हुए नौकरियों का सृजन किया जा सके, जिससे परिषद् वैश्विक अर्थव्यवस्था में सफतापूर्वक अपना सक्रिय योगदान कर सके। परिषद् में उसके कार्य को मान्यता प्रदान करने के उद्देश्य से समेकित वैश्विक अर्थव्यवस्था को आगे बढ़ाने हेतु उसकी वचनबद्धता एवं महिला नेताओं के लिए अधिक उत्साहजनक भूमिकाओं की रचना हेतु सन् 2015 में उसे 'ग्लोबल लीडरशिप अवार्ड' (वैश्विक नेतृत्व पुरस्कार) प्रदान किया गया।

इंदिरा अभिकल्पन (डिजाइन) एवं विपणन (मार्केटिंग) के नवाचार के प्रति भी उन्मुक्त विचार रखती है। उसने पेप्सी को नए अवतार में पेश किया, इसके लिए उसने एक इतालवी अभिकल्पन विशेषज्ञ माउरो पार्सिनी की सहायता प्राप्त की और उसे दुनिया के सर्वाधिक प्रतिष्ठित ब्रांडों के अभिनवन का दायित्व सौंपा।

इंदिरा अभिकल्पन (डिजाइन) एवं विपणन (मार्केटिंग) के नवाचार के प्रति भी उन्मुक्त विचार रखती है। उसने पेप्सी को नए अवतार में पेश किया, इसके लिए उसने एक इतालवी अभिकल्पन विशेषज्ञ माउरो पार्सिनी की सहायता प्राप्त की और उसे दुनिया के सर्वाधिक प्रतिष्ठित ब्रांडों के अभिनवन का दायित्व सौंपा। आज पेप्सीको उसके डिजाइन को उत्पाद रचना से पैकिंग तथा लेबलिंग से लेकर फ्रिज में रखे दृश्यावलोकन तथा पेप्सी उपभोक्ताओं से उनके संभावित अंतर्संवाद को बढ़ावा देने हेतु समूची प्रणाली में बढ़ावा दिया गया है।

उत्पाद की सूरत पर ध्यान देने के बजाय इंदिरा ने अपना संपूर्ण ध्यान विपणन पर केंद्रित किया। उदाहरण के लिए, इस परियोजना का नया सृजन पेप्सी स्पायर एक अद्भुत पटल स्पर्श (टच-स्क्रीन) फाउंटेन (फव्वारा)

वेंडिंग मशीन है, प्रतियोगियों की वेंडिंग मशीनों में, जहाँ कुछ अतिरिक्त बटनों और भिन्न स्वादों के मिश्रण को जोड़ने पर ध्यान दिया गया, वहीं पेप्सी ने आधारभूत ढंग से उपभोक्ता एवं मशीन के बीच वार्त्तालाप करनेवाली सुविचारित मशीन बनाई। स्पायर अनिवार्यतः एक बड़ा-सा आई-पैड है, जो उपभोक्ता से संवाद करता है और उसे अपने साथ संवाद करने हेतु आमंत्रित करता है। वह उपभोक्ता की आदतों को दर्ज कर लेता है, ताकि जब उपभोक्ता कभी अपनी आई.डी. को मशीन में दोबारा स्वाइप करे तो मशीन उसे उसके पिछली बार के स्वाद सम्मिश्रण का स्मरण कराते हुए नए सुझाव दे सके। इस बीच स्क्रीन पर आकर्षक चित्रांकन जारी रहता है।

जिस समय इंदिरा ने पेप्सीको को छोड़ा, वह वैश्विक नमकीन आहारों की बिक्री में दुनिया की अगुआ कंपनी थी और शीतल पेय की बिक्री के मामले में वह दूसरे स्थान पर थी। यह उसकी विपणन (मार्केटिंग) एवं स्थैतिक (पोजीशनल) रणनीतियों की सफलता का स्पष्ट प्रमाण है। उसके क्रियाकलापों का सर्वाधिक उल्लेखनीय पक्ष यह है कि उसने इन उत्पादों को स्वास्थ्यप्रद बनाया है।

'पेप्सीको' वर्तमान में अपने 63 अरब डॉलर के राजस्व के साथ दुनिया में दूसरी सबसे बड़ी खाद्य एवं पेय कंपनी है। अनेक लोग इस कार्यप्रदर्शन का श्रेय इंदिरा को देने के इच्छुक हैं, जो कंपनी को लाभार्जन की दिशा में ले गई है।

जिस समय इंदिरा ने पेप्सीको को छोड़ा, वह वैश्विक नमकीन आहारों की बिक्री में दुनिया की अगुआ कंपनी थी और शीतल पेय की बिक्री के मामले में वह दूसरे स्थान पर थी। यह उसकी विपणन (मार्केटिंग) एवं स्थैतिक (पोजीशनल) रणनीतियों की सफलता का स्पष्ट प्रमाण है। उसके क्रियाकलापों का सर्वाधिक उल्लेखनीय पक्ष यह है कि उसने इन उत्पादों को स्वास्थ्यप्रद बनाया है। 1960 से लेकर 1990 के मध्य दशकों तक

पूर्ण-ताप सोडा की बिक्री अपने उफान पर थी और उसके बाद उपभोक्ताओं में अपने स्वास्थ्यप्रद विकल्पों के प्रति बढ़ती जागरूकता के कारण मुख्य ब्रांडों की बिक्री प्रभावित हुई। इंदिरा ने महसूस किया कि गिरावट का यह दौर अभी कई वर्षों तक जारी रहेगा। उसने देखा कि उपभोक्ता अब एनर्जी ड्रिंक्स (ऊर्जा पेय), बोतलबंद पानी और कॉफी जैसे स्वास्थ्यप्रद उत्पादों की ओर रुख कर रहे थे और इन खंडों की बिक्री प्रभावित हो रही थी। इंदिरा ने इस अवसर को 'गुड फॉर यू' योजना के अंतर्गत स्वास्थ्यप्रद उत्पादों के साथ मिलाने पर बल दिया और स्वस्थ खाद्य एवं पेय उत्पादों पर अधिक ध्यान दिया।

हम इस तथ्य से इनकार नहीं कर सकते कि विगत पचास वर्षों में पेप्सीको का राजस्व सौ गुना बढ़ा है और इसके साथ-ही-साथ उसकी उच्च उद्देश्य भावना के बावजूद लोगों के निरंतर मोटे होते जाने के कारण जन-स्वास्थ्य संकट तेजी से बढ़ा है। अमेरिका और विश्व में 1980 के दशक में जो रुझान आरंभ हुआ, वह आगामी दो दशकों में महामारी के अनुपात तक पहुँच गया। अनेक अध्ययनों में पाया गया है कि उच्च ताप, अल्प-मूल्य संसाधित खाद्य एवं पेय दुनिया भर में मोटापे के प्रमुख संवाहक हैं। खासतौर से स्नैक्स बचपन में मोटापा बढ़ाने में भूमिका निभाते हैं, जो वयस्कों की तुलना में अधिक तेजी से बढ़ रहा है। लोग आज से चार दशक पूर्व जितना शीतल पेय का उपभोग करते थे, आज उससे कई गुना अधिक करते हैं।

हम इस तथ्य से इनकार नहीं कर सकते कि विगत पचास वर्षों में पेप्सीको का राजस्व सौ गुना बढ़ा है और इसके साथ-ही-साथ उसकी उच्च उद्देश्य भावना के बावजूद लोगों के निरंतर मोटे होते जाने के कारण जन-स्वास्थ्य संकट तेजी से बढ़ा है। अमेरिका और विश्व में 1980 के दशक में जो रुझान आरंभ हुआ, वह आगामी दो दशकों में महामारी के अनुपात तक पहुँच गया।

इन्हीं स्वादिस्ट आहारों के कारण वे उचित मात्रा से अधिक सोडियम खा जाते हैं, जिसे रक्तचाप (ब्लड प्रेशर) वृद्धि से जोड़कर देखा जाता है। इसके साथ-ही-साथ कुछ आलू तथा मक्का के चिप्स में प्रयुक्त तेलों एवं मोटापा तत्त्व के कारण रक्त वसा (कोलेस्ट्रॉल) के स्तर में वृद्धि हो जाती है, जो हृदय रोग का कारण बनता है। दूसरे शब्दों में, पेप्सीको के 'उच्च उद्देश्य' ब्रांड चीनी, नमक और फैट पर आधारित हैं और वे लोगों को बीमार बना रहे हैं; सबसे मजेदार बात यह है कि समर्पित प्रशंसकों, जिन्हें इस उद्योग में 'खाऊ वीर' कहा जाता है, वे ही अधिक संतप्त होते हैं। आपके सर्वोत्तम ग्राहकों के जीवन को छोटा करने की विधि को किसी भी सूरत में उत्तम रणनीति नहीं कहा जा सकता है।

अपने कार्यों एवं उपलब्धियों के लिए उसे शानदार तरीके से पुरस्कृत भी किया गया था। सन् 2007 से 2014 तक 'फोर्ब्स' ने इंदिरा नूई का नाम दुनिया की 100 सर्वाधिक शक्तिशाली महिलाओं की सूची में रखा, जबकि 'फॉर्च्यून' ने 2006-2010 के मध्य सर्वाधिक शक्तिशाली कारोबारी महिलाओं की वार्षिक स्तरीय (एनुअल रैंकिंग) में उसका नाम पहले नंबर पर शामिल किया। सन् 2008 में यू.एस. न्यूज ऐंड वर्ल्ड रिपोर्ट ने अमेरिका के सर्वोत्तम नेताओं की सूची में उसे नामित किया। ऊँची उपलबिधयों के प्रति उसकी ललक का अंदाजा उसके इस बयान से लगाया जा सकता

अपने कार्यों एवं उपलब्धियों के लिए उसे शानदार तरीके से पुरस्कृत भी किया गया था। सन् 2007 से 2014 तक 'फोर्ब्स' ने इंदिरा नूई का नाम दुनिया की 100 सर्वाधिक शक्तिशाली महिलाओं की सूची में रखा, जबकि 'फॉर्च्यून' ने 2006-2010 के मध्य सर्वाधिक शक्तिशाली कारोबारी महिलाओं की वार्षिक स्तरीय (एनुअल रैंकिंग) में उसका नाम पहले नंबर पर शामिल किया।

है, "हमें अपने त्रुटिहीन कार्यकलापों की सीमाओं को आगे बढ़ाते रहना चाहिए, निर्दोषिता ही अंतिम लक्ष्य है।"

इंदिरा ने पेप्सी को लोगों के समीप लाने के कार्यक्रम भी चलाए। उसने अपने सोशल मीडिया अभियान के अंतर्गत 2 करोड़ डॉलर के विज्ञापन व्यय के साथ 'पेप्सी तरोताजगी' (रिफ्रेश) परियोजना शुरू की। इसके अंतर्गत ग्राहकों ने पेप्सी को अपने वे विचार/सुझाव उपलब्ध कराए, जिनमें 'दुनिया को उत्तम स्थान बनाने' के घोषित लक्ष्य को अपने समुदायों को तरोताजा करने के उपाय आमंत्रित किए गए थे। इसके परिणामस्वरूप पेप्सीको ने इन परियोजनाओं का निधीयन (फंडिंग) किया, जिससे सर्वाधिक वोट प्राप्त हुए। इसके परिणामस्वरूप 2 करोड़ डॉलर की राशि उपलब्ध कराई गई, जिसे स्वास्थ्य, कला, संस्कृति, भोजन एवं आवास (शेल्टर), शिक्षा और अन्य महत्त्वपूर्ण कार्यों पर खर्च किया गया। इस अभियान ने एक प्रकार से पेप्सी के साथ ग्राहकों की रिश्तेदारी बना दी और वह अग्र-चिंतनवाला एक अभिनव ब्रांड बन गई। इंदिरा ऐसी रिश्तेदारी का निर्माण पेप्सीको प्रशासन के शीर्ष पर पहुँचने के दिन से ही करना चाहती थी।

इंदिरा ने पेप्सी को लोगों के समीप लाने के कार्यक्रम भी चलाए। उसने अपने सोशल मीडिया अभियान के अंतर्गत 2 करोड़ डॉलर के विज्ञापन व्यय के साथ 'पेप्सी तरोताजगी' (रिफ्रेश) परियोजना शुरू की। इसके अंतर्गत ग्राहकों ने पेप्सी को अपने वे विचार/सुझाव उपलब्ध कराए, जिनमें 'दुनिया को उत्तम स्थान बनाने' के घोषित लक्ष्य को अपने समुदायों को तरोताजा करने के उपाय आमंत्रित किए गए थे।

इंदिरा कभी आलोचना से भयभीत नहीं हुई। जब उसने कंपनी की उत्पाद सूची को स्वास्थ्यप्रद उत्पादों की ओर मोड़ा तो उसका मजाक उड़ाया गया। इसका उल्लेख वे अत्यंत रोचक तरीके से करती हैं। उन्होंने

मुझसे कहा, "तुम मदर टेरेसा बनने की कोशिश क्यों कर रही हो? तुम अपनी कार्यावली को बदलकर उसे स्वास्थ्यप्रद उत्पादों की ओर क्यों ले जा रही हो? क्योंकि जिस दिशा में बाजार जा रहा था, हमें भी उसी दिशा में जाने की जरूरत थी।"

उसका मत है कि सार्वजनिक निगमों एवं उसके अंशधारकों, दोनों के मध्य रणनीति के विषय में अच्छा संवाद स्थापित करने की आवश्यकता थी। कहने की आवश्यकता नहीं कि तिमाही परिणामों पर दृष्टि रखना बुरा है, परंतु यदि उसे एकल लक्ष्य बना लिया जाए तो कंपनी की भावी समृद्धि पर घातक प्रभाव पड़ेगा, जबकि कंपनी की प्रतिष्ठा अंततोगत्वा सबसे महत्त्वपूर्ण है। वह दृढ़तापूर्वक कहती है, "...यदि आप सचमुच कुछ रणनीतिक एवं रूपांतरीय कार्य कर रहे हैं तो आप आलोचना को निमंत्रण दे रहे हैं।"

उसका मत है कि सार्वजनिक निगमों एवं उसके अंशधारकों, दोनों के मध्य रणनीति के विषय में अच्छा संवाद स्थापित करने की आवश्यकता थी। कहने की आवश्यकता नहीं कि तिमाही परिणामों पर दृष्टि रखना बुरा है, परंतु यदि उसे एकल लक्ष्य बना लिया जाए तो कंपनी की भावी समृद्धि पर घातक प्रभाव पड़ेगा, जबकि कंपनी की प्रतिष्ठा अंततोगत्वा सबसे महत्त्वपूर्ण है।

वह यह भी कहती है कि मौजूदा उत्पाद कार्यावली से अलग होना कितना कठिन है—क्या आपके प्रतिद्वंद्वी हर समय आपको चुनौती देंगे? मेरे उद्योग में वे ऐसा करेंगे। जब मैंने चीनी की मात्रा में कमी लाने की बात कही, भिन्न उत्पाद पोर्टफोलियो बनाने की बात की तो उन्होंने मीठे पेय में चीनी की मात्रा दुगुनी कर दी, ऐसे में आप क्या करेंगे? आपका अंश कम हो जाएगा, आप कुछ अंशों को भुला देंगे, यह ठीक है, क्योंकि हमने एक भिन्न पोर्टफोलियो-गेम खेला था, परंतु निवेशक जगत् को राजी कर पाना कठिन है, इसके लिए अत्यधिक

साहस, मान्यता एवं तारतम्यता की आवश्यकता होती है, यह कष्टप्रद है, अत्यंत कष्टप्रद।"

उत्पाद कार्यावली (प्रोडक्ट पोर्टफोलियो) के गुणवत्ता परिवर्तन के समय वह निर्भीक थी। वह कहती हैं, "…उपभोक्ता की रुचि हमेशा बदलती रहती है, वह किसी अन्य की अपेक्षा खाद्य एवं पेय पदार्थों के मामले में अधिक तेजी से बदलती है। हमारे लिए अपने पोर्टफोलियो में परिवर्तन का यह अच्छा अवसर था, 'उपभोक्ता के पीछे-पीछे जाओ और अपना बाजार भाग (हिस्सा) पाओ।' परंतु यदि हम इसे रातोरात पाने की बात करें तो इससे बड़ी मूर्खता और कोई नहीं होगी। मैं जानती थी कि वह यात्रा कठिन होनेवाली थी।"

एक महिला के शिखर पर होने के विषय में पूछे जाने पर इंदिरा कहती हैं, "स्त्रियाँ आदर्शों की खोज में जुटी हुई हैं। वे ऐसे लोगों से बात करना चाहती हैं, जिन्होंने सी.ई.ओ. का पद प्राप्त किया है और वे यह भी जानना चाहती हैं कि पुरुषों वाली व्यवस्था म उन्होंने अपना स्थान कैसे बनाया, उन्होंने परिवार और नौकरी की दुविधा का कैसे सामना किया? तत्पश्चात् विविध प्रकार के लोग मेरी ओर मुखातिब होकर कहते हैं, 'एक आप्रवासी महिला के रूप में आप कृपया हमें बताएँ कि अमेरिकी कारोबारी संदर्भ में आप कैसे आगे बढ़ीं?' इसके बाद मेरे पास भारतीय-अमेरिकी लोगों की ओर से ढेर सारी माँग आती है, जो कहते हैं, 'क्या आप मुझे बता सकती हैं कि वैश्विक व्यापारिक

एक महिला के शिखर पर होने के विषय में पूछे जाने पर इंदिरा कहती हैं, "स्त्रियाँ आदर्शों की खोज में जुटी हुई हैं। वे ऐसे लोगों से बात करना चाहती हैं, जिन्होंने सी.ई.ओ. का पद प्राप्त किया है और वे यह भी जानना चाहती हैं कि पुरुषों वाली व्यवस्था में उन्होंने अपना स्थान कैसे बनाया, उन्होंने परिवार और नौकरी की दुविधा का कैसे सामना किया?

वातावरण में भारतीय-अमेरिकी किस प्रकार आगे बढ़ सकते हैं?' मैं इन तीनों प्रश्नों का उत्तर एक झटके में दे देती हूँ।"

शीर्ष पर अकेलेपन के बारे में अपना दिल खोलते हुए वह स्वीकार करती हैं—"निस्संदेह वहाँ एकाकीपन है, इसके साथ मैं यह भी जोड़ना चाहती हूँ कि आप अकेली भले हैं, किंतु आपके साथ दुनिया में आपका यश है।" और इंदिरा आपकी कीर्ति बड़े पैमाने पर बढ़ी है, शुभकामनाएँ!

□□□